职场妈妈的教子新经

# 上班族妈妈必读

王新月 著

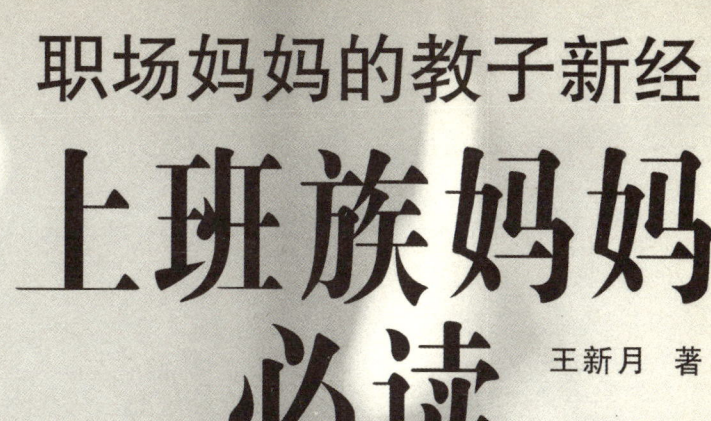

黑龙江科学技术出版社

图书在版编目（CIP）数据

上班族妈妈必读 / 王新月著. -- 哈尔滨:
黑龙江科学技术出版社，2015.4
　　ISBN 978-7-5388-8286-5

Ⅰ.①上… Ⅱ.①王… Ⅲ.①家庭教育 Ⅳ.①G78

中国版本图书馆 CIP 数据核字(2015)第 079455 号

上班族妈妈必读
SHANGBANZU MAMA BIDU

| | |
|---|---|
| 作　　者 | 王新月 |
| 责任编辑 | 刘佳琪 |
| 封面设计 | 白思平 |
| 出　　版 | 黑龙江科学技术出版社 |
| | 地址：哈尔滨市南岗区建设街 41 号　邮编：150001 |
| | 电话：（0451）53642106　传真：（0451）53642143 |
| | 网址：www.lkcbs.cn　www.lkpub.cn |
| 发　　行 | 全国新华书店 |
| 印　　刷 | 北京市通州兴龙印刷厂 |
| 开　　本 | 710 mm×1000 mm　1/16 |
| 印　　张 | 14.75 |
| 字　　数 | 180 千字 |
| 版　　次 | 2015 年 6 月第 1 版　2015 年 6 月第 1 次印刷 |
| 书　　号 | ISBN　978-7-5388-8286-5/ G・1006 |
| 定　　价 | 29.80 元 |

【版权所有，请勿翻印、转载】

# 前言 Preface

在中国传统社会里,一向都主张女性留在家中相夫教子,似乎只有这样才能称得上是一个贤惠的女人。因此,分工明确的夫妻家庭,基本都是是男主外女主内,这也在一定程度上保证了家庭的稳定。

然而随着时代的进步,"贤妻良母"已不再是衡量一个女性是否具备美德的唯一标准。尽管在外人看来,有个幸福的家庭,嫁个爱自己的好老公,有个健康可爱的孩子,衣食住行样样无忧就是女人最大的满足了。可是,在这个极力倡导"男女平等"、"女人也顶半边天"的时代,女性的地位越来越高,尤其是那些拥有高学历的女性,她们有自己的思维、主见和意识,她们也渴望通过成功的事业来体现自己的价值。很多女人参加工作并不是为了赚钱,而是为了女人所谓的"经济独立",她们希望得到社会的认可,不至于与社会脱节,更加不至于花每分钱都得伸手向男人要。此外,随着生活节奏加快,经济压力不断增大,仅仅依靠男人的收入来支撑家庭开销已经越来越显得力不从心了。眼见丈夫的薪水无法维持家庭的正常开销,妇女们走出家门参加工作,已经成为社会发展的必然趋势。这其中当然有许多是有孩子的女性,也就是我们所说的职场妈妈。

当今社会,职场妈妈可谓是司空见惯。作为一个女人,她们希望拥有自己的事业,这样也能为自己的家庭减轻一些负担;同时,作为一个女

人,家庭是女人的终身事业,照顾好丈夫、教育好孩子似乎从古至今都是女人的使命。但是,女人的精力毕竟是有限的。我们都想努力做好一个称职的妈妈、一名优秀的员工,拥有一份成功的事业、一个幸福的家庭。可女人就这么一双手一颗心,一天就这24小时,一个女人就这一辈子,如何选择?是因心疼孩子而舍弃工作,还是要狠下心肠把孩子托付于他人?这无疑成为职场妈妈面临的两难选择。

本书可以说是职场妈妈教子的指导手册,从实际出发,形象刻画出职业女性们的育儿生活:上班忙工作,下班忙家务,激情与沮丧并存,快乐与忧伤同在。在指出生活中种种困难的同时,本书也为职场妈妈们献上一些教子的小窍门、小点子,以及塑造完美职场妈妈的种种精明攻略。

最后,衷心地希望本书能为职场妈妈提供一些帮助,并在一定程度上解决问题,让职场女性在工作与孩子之间轻松找到平衡点。

# 目录 Contents

## Part 1 职场妈妈教子的那些心酸事儿

职业与家庭，职场妈妈难两全……………………………………002
无法陪伴孩子，工作负罪感纠缠不休……………………………004
出去上班，孩子要交给谁……………………………………………005
力不从心，仍想做个"妈妈强人"…………………………………007

## Part 2 读懂你的孩子：职场妈妈最易走进的教子误区

把自己的认知"嫁接"到孩子身上…………………………………012
把"期望孩子做的"当成"孩子应该做的"………………………014
只注重物质需要，忽视孩子内在需求………………………………016
攀比，让孩子变成了取悦他人的一种工具…………………………018
大包大揽，替代孩子完成所有的事情………………………………021
苛求完美——孩子无法承受的爱……………………………………023
强求孩子练特长，误了孩子苦了自己………………………………025
滥用经济奖励，误导孩子害处大……………………………………026
打骂孩子，一种"高投入低回报"的教育方式……………………028
随意批评、斥责，扼杀孩子的好奇心和求知欲……………………030

随意许诺，总给孩子开"空头支票" .................................. 032
认定分数代表一切，抱怨孩子脑子笨 .............................. 035

## Part 3 天平的两端：孩子在左，工作在右

纠结：做好员工or好妈妈 ............................................ 040
"产假后休克"，职场妈妈怎么办 .................................. 044
产后上班前，给职场妈妈的十条建议 .............................. 045
懂得取舍，职场妈妈照样能做办公室红人 ........................ 047
积极面对工作，抛掉没有必要的内疚感 ............................ 049
职场新妈妈巧解孩子与工作间的矛盾 .............................. 050
"妈妈"也能成为一种职业优势 .................................... 054
巧走平衡木，孩子工作两头顾 .................................... 056
职场妈妈的时间管理之道 .......................................... 058

## Part 4 亲子时间少，用心利用每一秒

孩子与工作，职场妈妈争分夺秒 .................................. 064
亲子时间，重在"内容" .......................................... 066
职场妈妈亲子互动，用心铸造高品质生活 ........................ 070
上班前后职场妈妈育儿小窍门 .................................... 073
丰富精彩，与孩子共度周末好时光 ................................ 075
随时随地的亲子游戏与学习 ...................................... 077
用对方式，有限时间提高亲子效率 ................................ 078
利用通讯工具，每天与孩子通话 .................................. 080

## Part 5 进门之前,请保持微笑,孩子不是你的"出气筒"

妈妈情绪暴躁会阻碍孩子的成长 ........................... 082
不良情绪丢在家门外,孩子不是出气筒 ................... 085
即使工作不愉快,面对孩子也要有阳光心情 ............ 087
管好你的刀子嘴,别让它伤了孩子 ......................... 089
积极应对,工作情绪和家庭生活两分开 ................... 091
为快乐找个秘方,职场妈妈也要爱自己 ................... 092
责任重大,职场妈妈更要学会给自己减压 ............... 095
面对不同场合,职场妈妈要迅速切换角色 ............... 097

## Part 6 工作再忙,也要蹲下身子和孩子一起说说话

沟通的起点——"尊重" ......................................... 100
掌握技巧,母子沟通无极限 .................................... 103
站在孩子的角度,让他说出真心话 ......................... 107
孩子喋喋不休时,妈妈要耐心听完别打断 ............... 110
把握倾听的时机,才能收到良好的效果 ................... 114
放下家长的架子,妈妈不代表绝对的权威 ............... 115
语言暴力,孩子心头一把无形的刀 ......................... 117
用欣赏的眼光看孩子,赞美要有技巧 ...................... 120
妈妈一句"对不起"是孩子一生的教育 ................... 122
适时闭嘴,给孩子发言的机会 ................................ 124
妈妈唠叨越多,孩子越不听话 ................................ 128
别用命令式的口气跟孩子说话 ................................ 130

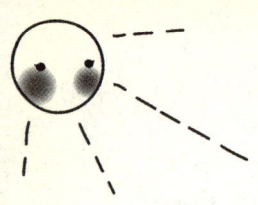

## Part 7　职场妈妈，别以爱的名义"伤"了你的孩子

溺爱，给孩子的温柔陷阱 ............................................ 136
无原则无条件的溺爱——毁了孩子 ............................................ 138
家长溺爱孩子的10大"典型" ............................................ 140
妈妈溺爱，孩子易出现攻击行为 ............................................ 143
要知道，没有尊重的爱也是一种伤害 ............................................ 146
期望过高，孩子也会透不过气来 ............................................ 148
什么是真爱，什么是溺爱 ............................................ 150
别对孩子过度保护，经历风雨才能见彩虹 ............................................ 153
克服内心的恐惧，试着相信孩子 ............................................ 154
让孩子离开襁褓，应对生活中的挑战 ............................................ 156
学会放手，别让母爱变成"母害" ............................................ 157

## Part 8　纠正孩子的不良习惯，绝不要奢求"立竿见影"

吃饭"马拉松"——培养孩子正确的饮食习惯 ............................................ 162
"抢"玩具——教孩子谁的东西谁做主 ............................................ 165
家里有个"电视迷"——控制孩子看电视的时间 ............................................ 167
玩具从来不收拾——教孩子自己的事情自己做 ............................................ 171
脏话不断——让孩子学会礼貌用语 ............................................ 174
总把别人东西拿回家——认清自己的和他人的 ............................................ 177
孩子是个"人来疯"——教他待客接物之道 ............................................ 179
家里有个"破坏狂"——合理引导孩子的好奇心 ............................................ 181

## Part 9 从点滴抓起，培养一个人见人爱的孩子

有赢就有输，培养孩子抗挫折的心理..................184
学会自己拿主意，让孩子变得更独立..................186
别总躲在妈妈身后，做个大大方方的孩子..................188
事情需要大家做，培养孩子的合作意识..................190
让孩子融入集体，培养孩子的社交能力..................192
坚持到最后，让孩子做事有始有终..................195
爱也要讲分寸，培养"表里如一"的孩子..................197
孩子"爱告状"，妈妈要正确引导..................199
善于表达，培养一个口齿伶俐的孩子..................201

## Part 10 教子不是妈妈一个人的事，爸爸的榜样很重要

教育孩子，父亲千万别"缺席"..................206
父亲教育缺失，孩子问题一堆..................208
爸爸该花多少时间陪孩子..................214
父亲是给孩子积极影响的源泉..................215
父爱有利于孩子的人格健康..................218
教育孩子，爸爸需要做点什么..................219
好父亲教育孩子的七大技巧..................221
妈妈也要培养丈夫的育儿兴趣..................225

# 第一章

## 职场妈妈教子的那些心酸事儿

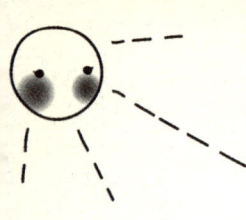

## 职业与家庭，职场妈妈难两全

有人说："男人难做。"但是，试问一下，难道做女人就不难了吗？其实做女人也难，而做一个职业与家庭两全的女人就更是难上加难了。

东东妈是一个职场妈妈的典型。工作上的不顺，加上教育一个5岁小孩的烦恼，生活快要把东东妈压得透不过气了。在单位，东东妈是一个小小的职员，事业一直不见起色，处于一个"高不成，低不就"的尴尬状态。东东妈工作的单位是一个外资企业，平时工作量非常庞大，而且外资企业是出了名的靠实力才能站住脚的地方，因此对于这份工作，东东妈不得不投入大量精力。可是东东妈的精力已被家庭分走了一大部分，为此她感到很无奈。每天，东东妈把家里的事情处理好，把小孩送去幼儿园，然后才能放心地去上班。经过一整天的工作摧残，下班时东东妈已经疲惫不堪了，而且很多时候下班了还要加班。回到家后还有一个家庭要照顾，她每天拖着疲劳的身躯，去买菜煮饭，然后是家务，还有小孩的学习生活……家庭各种各样的大小事情把东东妈折腾得筋疲力尽。对于小孩的教育，东东妈也确实缺乏充足的时间与精力好好处理。与此同时，因为家庭的包袱，东东妈也不能全心全意地投入到工作中，导致她在工作上也不见有多大的成就，做了十年，仍然是个可有可无的小职员。东东妈就这样一直生活在两难的困境中，职业与家庭两者不能很好的兼顾，这就是职场妈妈的生活了。

其实，自从女性开始经济独立，拥有了自己的事业之后，这种职场妈妈可谓是司空见惯了。作为一个女人，她希望拥有自己的事业，实现经济独立，这样也能帮家庭的经济减轻一些负担，因此事业是不能放的。同时，作为一个女人，家庭是女人的终生事业，管理家庭，教育小孩似乎从古到今都是女人的使命，因此家庭也是不能放的。但是，事实是残酷的，女人在事业与家庭的处理上往往会显得力不从心，顾得了这个却顾不了那个，原因何在呢？

首先，女性的身份让女性事业发展难。有人说："女人的事业与男人相比，要发展到同样的高度，女人往往要付出比男人更高的代价。"虽然说，现在已经是一个男女平等的社会了，但是总体的平等是不是就等于绝对的平等呢？在事业上，女人天生就比男人落后，无论是从精力上，还是从能力上。女人有个不可抗拒的使命，就是生儿育女，这决定了女人投放到事业上的精力必然会比男人少。同时，男女的生理特点不同，在工作上，很多时候无可否认男人会比女人稍微有天分。而且，也因为生育等等的问题，"重男轻女"是许多单位的潜规则。

其次，职业女性的身份让小孩的教育产生漏洞。教育小孩是一件需要投入大量时间、精力、智力以及爱的终生事业。作为一名职业女性，她们不是万能的，她们的精力是有限的，每天的工作已经把她们的精力消耗得差不多了，回家还要教育小孩，试问她们能有足够的精力教育小孩吗？职场妈妈与事业型女性有一个区别，就是她们比较感情用事，她们希望所有事情都能够亲力亲为，而且她们希望对于小孩的教育更是由自己负责。由此，职场妈妈把自己逼得喘不过气，而最后小孩的教育也因为精力有限，而出现了漏洞。职场妈妈的生理往往会跟不上心理，对于教育好小孩的需求可谓力不从心。

再者，职业与家庭的双重压力完全剥夺了职场妈妈的生活。职场妈妈的生活可以说只有两样东西，那就是职业与家庭，对于自己，可以说她们完全没有概念。如果你问，她们是为了什么而活的，她们一定回答你：职

业与孩子。对于自己,她们可能早就忘记自己到底是什么了。她们只知道自己是单位的职工,是小孩的妈妈,是老公的妻子……职场妈妈的生活自由,可以说已经完全被剥夺了。

职场妈妈——一种处于尴尬状态的女性。她们有追求,同时她们也坚持,职业与家庭她们两者都想要把握。最终,在现实的打击下,她们发现自己"两头拉,两头都不到岸"。这就是职场妈妈的难处!

## 无法陪伴孩子,工作负罪感纠缠不休

根据调查显示,只有少部分职场妈妈能将大部分时间投入到工作中,大多数职场妈妈们处在家庭和工作的辛苦平衡之中,并对这种情况感到非常无奈。同时,大多数职场妈妈都认为在职场压力不断增大的同时,社会以及自己对好妈妈的标准也在不断地提高,她们既要负担家庭的一部分收入,又要为子女的成长付出比父亲更多的心血。因此,在事业和家庭的关系间,她们不停地权衡着、探索着。

31岁的孔洁最近不在工作状态,有时甚至会难受得喘不上气。无奈之下她只好求助于医生,一番检查和聊天后,医生告诉她,她没什么身体疾病,只是有些时下许多职场妈妈都容易有的"工作负罪感"。深究这种负罪感的来源,原来是因为前一段时间孔洁2岁的小孩生水痘,高烧住院,然而她却正在上海跟别人谈合同,无法回家照顾孩子。回家后,婆婆有些不快叨念了两句,丈夫随口说了句"早知道,就等孩子进了幼儿园再让你去上班了",孔洁从此就有了深深的"工作负罪感"。

女人的思维方式比较分散,不会像男人那样做一件事时就想着这一件事,而是往往会同时想到另外好几件事,并因此焦灼不安。心理学家认为,女性,尤其是职场妈妈比较容易受到"工作负罪感"的感染,这其实是一种因为全职工作而无法陪伴孩子的负罪感。生性追求完美的女人,身兼妻子、母亲和职业人的角色,一旦哪个角色表现稍差,都很容易陷入负罪感中。女人天生的敏感和情绪化,无疑又成为这种情绪的催化剂,被这种负罪感所折磨,让职场妈妈无法轻松面对工作和生活,严重的甚至会毁掉她们的自信心。

## 出去上班,孩子要交给谁

或早或晚,大多数妈妈都不得不放下孩子,重返职场。在妈妈暂时缺席的时间里谁来照顾孩子,成为了令妈妈牵肠挂肚、烦恼不已的心病。让我们一起看看都市女性究竟有哪些选择,其优劣又在哪里吧。

### ☙ 第一阶段——孩子0~3岁,妈妈选择:祖辈、保姆

#### ♨优点

把孩子交给老人似乎是最让人放心和踏实的选择,他们对孙辈的亲情关爱,是任何外人都无法比拟的,有利于孩子获得心理和情感上的安全感。此外,祖辈在抚养和教育孩子方面有着丰富的实践经验,他们充分了解孩子在各个年龄段的生理和心理变化,是最佳的照顾者。保姆,尤其是有经验的专职保育员,也是许多双职工家庭的选择。一来她们通常会尊重主人的育儿习惯和意见,较少产生分歧;二来她们的时间充裕,能够一对一专职陪伴和照顾孩子,免除了父母的后顾之忧。

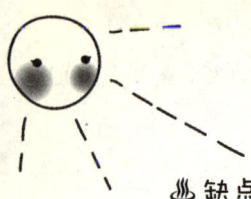

**缺点**

"隔代亲"是许多妈妈最为担心的问题，老人往往格外疼爱孩子，处处依着顺着孩子，即使对孩子不合理的要求也无条件满足，甚至祖护孩子、阻拦父母的正当的管教。此外，祖辈一些思想观念相对陈旧，往往用经验代替科学，这些都不利于父母对孩子开展教育。而作为保姆，职责上来说只是孩子喂养保育的照顾者，大多数只管孩子吃饱睡好，不担当管教任务。同时，许多家长都有心结，认为保姆始终是外人，从血缘上和情感上都无法代替亲人无微不至的关爱和照料。

## 第二阶段——孩子3~6岁，妈妈选择：幼儿园

**优点**

在这一年龄段，大部分孩子都开始步入人生的另一阶段，从焦点式的家庭生活转向幼儿园平等式的集体生活。幼儿园并不仅仅是帮妈妈照顾孩子、分担辛劳的地方，还是孩子学习知识、交际、礼仪和认识社会的重要场所，许多在家里养成的不良习惯和性格缺陷都能通过幼儿园的教育进行纠正，所以教育学家一直都鼓励家长在条件允许的情况下把适龄孩子送入幼儿园。

**缺点**

作为社会的主流选择，让孩子在合适的年龄阶段开展幼儿园生活其实并没有特别明显的缺点，但由于孩子性情、年龄、习惯的差异，有些地方仍然需要家长的格外留心。在幼儿园里，两三名老师需要照顾班上20多个孩子，无法针对每个孩子的性格特点因材施教，难免有所疏忽；此外家长还要多加留意孩子的心理落差，常和老师沟通交流，实现管教一致，以免孩子变成"家园两面派"。

### 🐾 第三阶段——孩子学龄后,妈妈选择:兴趣班、家教

#### ♨ 优点

学龄后的孩子有了一定的自理和自立能力,生活上不再像幼儿期那样需要妈妈无微不至的呵护照顾,所以平时爸爸妈妈可以放心地上班工作。在假期、周末或课余时间,家长可以请家教陪伴、指导孩子,或把孩子送到兴趣班学习,一来可以让孩子学些艺术或技能,促进大脑和身体的发展;二来也不失为安置孩子、安排时间的一个好方法,稍稍地解放了为工作生活奔波的家长。

#### ♨ 缺点

这种在促进学习的前提下请家教或兴趣班"代管"孩子的方式,最大的问题就是会束缚孩子活泼的心性,不利于其自由成长,而且尺度一旦把握不当,很容易因为家长的期望值和攀比心,染上盼子成龙的功利色彩,偏离了初衷。其实,孩子始终是孩子,无论由家长陪伴还是在兴趣班学习,让他在生活中感受到快乐才是最重要的,切不可因孩子长大了就变成"甩手父母",疏于陪伴。

## 力不从心,仍想做个"妈妈强人"

说到"女强人",大伙儿一定想到这样的场景:一位衣着华丽的女士,端坐在豪华办公室里,一边打着电话,一边在文件上飞快地签字,然后对秘书说:"好,就这样办!"是不是很威风?很让人羡慕?

可是,生活不是在拍电视剧,我们在这里要说的"强人"并不是关乎女性自身能力的,而是,这种"强人感觉"是女性扮演好母亲、妻子、主

妇、工作人员以及儿媳妇的多重角色而感受到的身体上、精神上的压力，"做一个贤妻良母"的传统观念在一定程度上促使女性为成为"妈妈强人"而努力。

那么先考考您，看看您是"妈妈强人"吗？

（1）时常会因没有妥善处理某件事——尤其是关于孩子、家庭和工作的问题——而觉得不安、焦躁，甚至有罪恶感。

（2）因不能天天陪伴在孩子身旁而感到内疚。

（3）不管怎么疲劳，都要自己把家务做完；有时候很累了，看到一只花瓶没有摆好，要立刻过去把它放好。

（4）把丈夫的事当做自己的事，从开始到结束全程操心。

（5）认为自己作为一个母亲，在看孩子的同时还可以轻松地做成其他两三件事。

（6）认为不能因为自己的事而影响了家庭生活。

如果您的答案中有4个以上是肯定的，那么您是典型的"妈妈强人"，需要我们给您开的"心理处方"了。

## 拯救"妈妈强人"的心理处方

### 感觉困难时请说出来

很多妈妈认为女人干家务活是天经地义的事，而且没有在外面工作累，更没有在外面工作重要，所以无论干多少家务都不喊累。据统计，仅仅是跟在孩子后面看孩子这一项，妈妈每天就要走10000步！以家庭为职业的女性如此，而对于从事社会工作的女性来说更就不用说了！所以，您若感觉到累或困难，请告诉您的丈夫和爱您的家人，让他们了解自己的情况。

### 事情要一件一件地来做

观察一下烦恼中的"妈妈强人"，不难发现她们都想一下子做完很多事，但很多时候又不知道该从哪件事入手，因此感到心烦。需要提醒您的是，不可能一下子能把所有的事情都做好的，"今天能做的事情今天完成"这句格言不适合自觉自愿为家庭和孩子付出的妈妈们，您需要把今天必须做的事情和今天不一定要做的事情区分开，如果是不必马上做的事，把它先放到一边好了。

### 您需要其他人的帮助

经常看到很多妈妈做事情一定要亲历亲为才放心，总是对丈夫说："你洗不干净衣服！"对孩子说："你自己吃饭总吃不进去！"事实上，您有必要创造机会让家人和孩子一块帮您做家事。即使他们一开始做不好，但若经常练习还是可以提高做家务的效率的，同时可以使丈夫和孩子认识到妈妈在家庭中的重要作用。

另外，您还可以制定一个小小的规矩：在周末时，抽出一定的时间让丈夫和孩子单独相处，只有此时丈夫才可以真正领悟到育儿之道，才能体会到其中的艰辛。

### 偶尔也可"偷偷懒"

屋子不会因一天不清扫就变得乱七八糟的。

洗衣机若一天不停地转动都会出故障，更何况人呢？因此，妈妈们一定要抽出时间来放松自己，给自己一个好好休息的时间。

# 第二章

## 读懂你的孩子：职场妈妈最易走进的教子误区

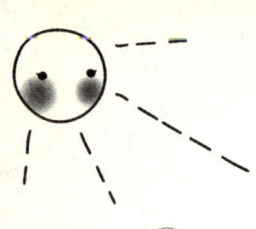

## 把自己的认知"嫁接"到孩子身上

职场妈妈由于要兼顾家庭和事业双重责任,有限的精力使她们没有时间了解孩子究竟需要什么,经常会把"我认为这就是你要的"当成"这就是你要的"。要知道,你理所应当的认为也许并不是孩子所需要的。

一个刚刚学走路的孩子,摇摇晃晃走到一道沟坎前。这个沟坎不会让孩子有生命危险,但是如果孩子走不稳,可能会碰伤身体、流血疼痛。这个时候,作为妈妈的您会怎样做呢?大部分人会出于对孩子的爱,把孩子直接抱过去。如果没有把孩子抱过去,会发生什么呢?当然,答案是孩子受伤,擦破皮、流血、疼痛、哭泣。如果这个受过伤的孩子下一次再见到这个沟坎,你觉得孩子会有什么反应呢?

这个问题,妈妈的答案会有许多种:

害怕,所以停下来,哭泣,不知道怎么办。

害怕,所以绕过去。

害怕,要妈妈抱过去。

没什么感觉,继续向前走……

我们真的了解孩子吗?到底是我们认为孩子是这样的,还是孩子真的就是这样呢?

实际上,一个没有受过外界影响的孩子,他会兴趣盎然地尝试了解外在世界。当孩子在第一次学习跨过沟坎的时候,有可能受伤,不过这会让他拥有不妥协的意志。当再一次遇到同样的沟坎,出于本能,他会停下来思索，然后更加谨慎地上前；也许还会跌倒，但他还会继续更加谨慎地练习，直到若干次后他成功走过这道沟坎。这时他会非常自豪地表现出来："我征服了这个难题！"在这个过程中，孩子的各种协调能力得到了很好的锻炼，面对外界困难时，会主动增强自我的信心和认知。如果孩子的真实状况是这样的，为什么这些妈妈们却产生出那么多不同的想法呢？

认为孩子"害怕，所以停下来，哭泣，不知道怎么办"的妈妈，大概在生活中遇到困难时也会经常有无助的感觉，而且常常不知道寻求他人的帮助，容易困在问题当中，比较情绪化。

认为孩子"害怕，所以绕过去"的妈妈，大概在生活中遇到困难，经常会选择逃避和转移的方式。逃避和转移在有些时候有缓解压力的作用，但是长期这样，会造成焦虑感。

认为孩子"害怕，要大人抱过去"的妈妈，大概在生活中遇到困难，经常会首先想找人帮助，处理事件依赖性较强，对自我不够相信。

认为孩子"没什么感觉，继续向前走"的妈妈，大概在生活中看起来很有热情、坚强，遇到困难会迎难而上，然而对于困难的总结不够，因此很可能经常让自己在没有防备的状态下受伤。这样的父母往往来自于"忽略内在精神需求"的家庭。

妈妈对孩子不同的认知，造成妈妈不同的应对。当妈妈把孩子抱过去，也许就让孩子失去了一个通过实践证明自己能力的机会！

人间不缺少爱，只是父母总是在错爱。这是一种缺乏确认的爱的臆断。

我们总是把自己最需要的东西，分享给心爱的人，却从未真正了解过他们要的是什么。结果付出被大打折扣。

母子之间也是一样！问题本身不是问题，因为恐慌而没有机会解决的问题，才永远成为问题！人生来就是王者，有成就自我和征服困难的本能。如果父母不了解这一点，就会把自己的世界观套用在孩子的身上，结果不但没有帮到孩子，反而用父母的爱折断了孩子的翅膀，压制了孩子的自由成长。

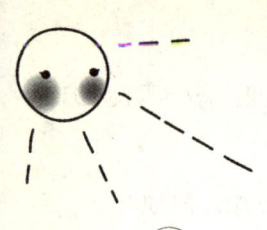

## 把"期望孩子做的"当成"孩子应该做的"

很多时候,我们会听到职场妈妈这样抱怨:

"妈妈上班辛苦了一天,回来还要给你做饭,你还不喜欢吃!"

"我为你放弃了多少,你还不好好学习,只想出去玩!"

孩子可以为你的期望而学习,也需要为自己的未来而学习,但是孩子也有玩耍和享受生活的权利。如果你的付出必须要求孩子用放弃自我的自主权来回报,这好比我们为一个人做了很多好事,于是要求他用命回报一样。

无意识当中,妈妈把爱变成了一种交易。似乎孩子一定要完全按照妈妈的意愿:不可以不喜欢妈妈做的饭,不可以学习的时间短于妈妈的要求。

妈妈需要把自己对孩子的理解以及期望,和孩子自身的真实状态和需要分开来看。两者并不对立,期望本身并没有错,因为期望的背后往往包含着很多的祝福、支持和正向的引导。但是,如果两者分不清,把自己的期望变成孩子必须完全照搬的标准,就是在打着爱孩子的旗号来满足自己!如果妈妈为了自己的期望而长期打压孩子的其他爱好,那么,这个期望就会成为孩子的反抗对象!孩子甚至会故意和妈妈对着干!

"我就是不想吃!"

"你就是要我替你学习!我就是不学!"

时间久了,孩子可能会不接受妈妈的关爱,即便接受了却并没有感谢之意。

好人不见得做好事。不管出于什么样的原因和动机,如果结果和本意背驰而行，就要好好审视一下我们的角度和方法了。

随时监控的结果是摧毁孩子自我的精神疆界，让孩子变成一个和妈妈没有不同、在妈妈眼中绝对"听话"和"乖巧"的孩子。孩子在家人面前没有学会建立精神疆界，就不会和其他人建立精神疆界。

没有精神疆界的人，他的内心就是跑马场，任由他人来践踏或者主宰，而不知道如何进行防卫。这会让孩子的内在充满不安全感，缺乏归属感。

失去了自己疆界的人，就会缺失自己的思想和主观，不知道反驳、保护自己。甚至在遭遇危险的时候，不敢拒绝、逃避，不敢有所行动来保护自己。

有时，为了家庭的平静和睦，孩子过早地懂事、努力、会看眼色（实际上是过于在乎别人的看法，无法建立自我客观的价值观），长大后容易过多承揽不属于自己的责任。很多时候，为他人情绪产生的压力，比解决真实问题的动力还要大。这种孩子往往到一定年龄，对什么事情都提不起兴趣。

那些长大后经受着婚姻暴力却不能够离开的人，就是例子。那些被黑社会势力挟持无力反抗的人，同样是这样的。引导孩子建立自己的家，不光是物质上的，还有精神上的。

另外，如果一个孩子保护自己的意识比较强，他会出于自我保护，把自己的"家"装备森严，让别人很难碰触到他的内心世界。这时，孩子会表现出和母亲的对抗、拒绝交流等行为。

这些让妈妈感觉不舒服的行为，实际上是孩子在尝试着学习保护自己的方式。妈妈要做的不是强行把门砸毁，而是学会敲门而入。打开的门越多，留下的防护栏就越少。

如果没有通过良好的方式，就把众多美好的期望强加到孩子身上，就可能演变成庞大复杂的压力关系。在这种关系中长大的孩子自然容易出现困惑，孩子的成长认知也会裹足不前。

父母的期望和孩子的需要，两者不能混为一谈，需要把他们分开。

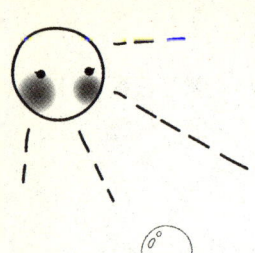

## 只注重物质需要,忽视孩子内在需求

职场妈妈的一个通病就是对孩子普遍存在补偿心理:既然平时上班没时间陪孩子,那我在孩子的吃、穿、用方面就一定要给他最好的。可是,尽管你这样做了,孩子的教育问题还是层出不穷。

因此,生活中我们常会听到职场妈妈这样训斥自己的孩子:

"你自己说吧,你要什么?你要什么我给什么!这么关心你,你怎么还是不懂事?"

"你要什么我给什么!找最好的老师和学校,什么都给了你,你还有什么不满足的?我难道对你还不够好吗?"

其实,这样的做法尊重有余,却缺少足够的关心。妈妈尊重了孩子内心中隐形人的存在,却没有帮助他成长。

如果仅仅对孩子提供物质支持,却缺乏关注和引导,那么孩子也会产生无助感。因为孩子不知道自己做的到底对不对,孩子需要他人经验的分享和引导。

另外,妈妈以为让孩子快乐就是满足他所有的想法。其实孩子的想法和感受是两回事,想法和行为是用来满足感受的,感受没有对错,但是想法和之后付出的行为是有对错之分的。缺乏关心和引导的尊重,很容易变成行为上的纵容,而纵容的结果就是,孩子会在物质方面无限制地需求,导致孩子见什么要什么、不给就发脾气,买回来根本就不用。

由于工作的关系,职场妈妈总认为留给孩子一生的财富才算是对得起孩子。妈妈在辛苦工作的过程中,会无意识让孩子感觉:在妈妈眼里"钱是财富,我只是妈妈的一个包袱",似乎钱比自己在妈妈心目中的地位还要高。因此,为了得到妈妈更多的关爱,必须获得更多的钱财和物质。

每一个物质需求的背后,都有一个无形的内在心理需求。

当孩子不断要买这买那时,他其实在问:"你到底爱不爱我?是不是真的愿意关注我的需要和想法?"

物质的需求往往反映了内在需要被关注的感受。如果不能够看清楚这一点,职场妈妈过于忽略孩子的心理而仅仅强调物质方面的补偿作用,就可能让孩子在将来成为物欲和金钱的奴隶。金钱是最好的仆人,但也是最糟糕的主人。一旦沦为金钱和物欲的奴仆,生命就不再是自由的。

多年之后,那些别人眼中的事业有成者,往往是金钱、权力有了,生活水平不断提高,但是生命的品质却提升很少,幸福感和快乐感来得很少或者很短暂,自己也不知道为什么。

他们经常在困惑:为什么我一直以为如果挣了很多的钱,可以给孩子创造优越的学习和生活环境,可以给年迈的父母提供一个安享晚年的保证的时候,我就会满足了、快乐了、幸福了。但当我真正做到这些的时候,我并没有真正感觉到快乐和幸福呢?我为什么还是有那么多的焦虑、担心?为什么我一天中的很多时间都快乐不起来?在我生命中到底发生了什么,让我不能真正地了解自己和身边最亲近的人?

只有这个时候,他们才开始隐约知道,金钱并不代表快乐和幸福,金钱也并不能换来真正的关注和尊重。于是在中年出现了心理危机——突然不知道自己活着是为了什么。于是有家不归,流连于各种交际场所,或者不停息地工作……

如果妈妈可以让孩子在小的时候,就了解到真正的幸福和满足感不是来自外界的物质,而是来自自我内在的满足和认知,就可以让孩子在追求物质目标实现的同时获得内在满足,让以后的生活更加平稳和顺利。

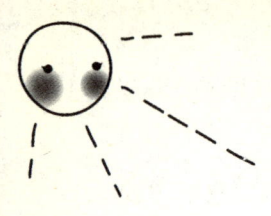

## 攀比，让孩子变成了取悦他人的一种工具

职场中的妈妈常常会把工作中争强好胜的作风带到家里来，因此孩子成了她们拿来攀比的最佳对象。

孩子数学拿了100分回来，妈妈说："这有什么好骄傲的？对面楼上的小明刚才告诉我，他考了双百分！"

"你看看你们班刘刚的字写得多漂亮，你看看你的字！"

"你看看隔壁圆圆每天都把自己的房间收拾得利利索索，你看你！"

当妈妈看到了自己的孩子不如别人的表现时，有没有告诉他在你心目中孩子那些值得骄傲的表现呢？

以前的数学总是98分，这次得了100分，这点进步您看到了吗？其他孩子的字写得漂亮，您的孩子字写得很认真，您看到了吗？

职场妈妈害怕别人说她只为了赚钱却不管孩子的教育，因此在孩子的教育上就愈发严厉。她们不仅经常拿自家孩子和别人家的孩子做对比，也经常拿自己和孩子做对比：

"同样的年龄，我都已经下地干活、给家人做饭了，你看看你，现在什么都不做、什么都不会做！"

经常拿孩子的弱点对比他人的长项，会令孩子对自我的认同感下降，于是总要拿外界的行为和自己对比，只有胜过别人了，才会有足够的自信和安全。

不恰当的竞争，让孩子把注意力放在失败上，而不是成功上。

一个人的目标无论多大，如果目的是为了赢得他人的认同，是为了取悦他人而学习，那么这条路会走得很孤独，并且随时都会担心——我是否符合了他人的标准。一旦他人出现了不认同，就可能会放弃。

每个人的经历不同、背景不同，所以观点不同、审视问题角度不同，同样的事情在不同时间、不同地点、不同人的眼中只能得到不同的评价。孩子长大了，如果还想要得到所有人的认同，那是完全不可能的。

这个过程就好比射箭，把注意力放在"我一定要射中靶心"和"千万不要射到外面去，让别人笑话！"结果一定是不同的，因为"我"的意识、目标、着重点不同。

前者专注力集中，都在"射中靶心"部分，因而更加容易命中目标；后者注意力则在"射在外面会让别人笑话"。

学习和成绩变成了取悦他人认同的一种手段，带着为了赢得他人认同的想法，于是重点就不在自己的目标上，而是在他人的想法上，并且容易受他人影响、不够坚定、也容易挫败。如果遇到自己做不来的事，就会拼命逃避，以免因为失败而被人瞧不起。

由此到了高考或者种种关键的时候，总是有很多的孩子因为压力过大而出现失常表现，甚至突然厌学。

"为自己学习"和"为得到被认同和关注而学习"，本来是两件事情，但是现在却变成了被中国众多孩子混在一起的一个问题。

这样的结果，让孩子所做的事情，更多是为了他人的眼光和看法。一旦自己做的事不被他人认同，就会产生挫败感，无论获得多少成就，总是被他人的评价所左右，导致没有办法把注意力放在自己要做的事情上。

心理学家用狗做嫉妒情绪实验：把一只饥饿的狗关在铁笼子里，让笼子外面另一只狗当面吃肉骨头，笼内的狗在急躁、气愤和嫉妒的负性情绪状态下，产生了神经症性的病态反应。

妈妈原本想要通过对比来激发孩子的前进斗志，然而不小心就变成了

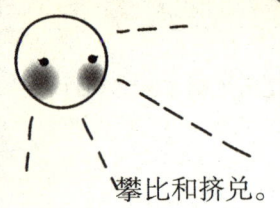

攀比和挤兑。

对比不是攀比，鼓励竞争不是挤兑。

攀比往往会挤兑孩子，"你看别人比你好！你必须做到！你做不到，你就是不好！"让孩子的内在变得敏感、嫉妒，那种需要被认同和关注的感觉，就变成了让孩子嫉妒的"肉骨头"。

对比，是在肯定孩子的前提下借鉴他人的优势，鼓励孩子的竞争和自我的继续发展。

对比和竞争的目的不是说明谁好谁坏，你好不见得我坏，而是更有效果和效率地达到学习和成长的目的，而学习并不仅仅是为了成绩，还有未来更好地合作。

一个人的目标哪怕再小，如果可以把这个目标与如何为他人做一些事情结合起来，那么这条路就容易走得多。因为不仅是为了愉悦自己，而且还可以获得很多人的感谢、支持、祝福和鼓励！这条路走得不孤独，有一群人和我们一起前行，我们的力量也大了很多！

如果孩子可以被这样引导，他的学习主动性会增强很多，不再是面对恐惧和压力的学习，而是充满祝福、引导自我方向的努力。

妈妈可以引导孩子之间竞争，但不要挤兑他们；可以对比，但不要攀比。所谓"一花一世界，一佛一如来"。让孩子看到自己的长处，再看到自己的不足，这样就同时拥有了努力的动力和方向。

 ## 大包大揽，替代孩子完成所有的事情

生活中，尽管职场妈妈的时间有限，可她们还是会在有限的时间里替代孩子完成太多孩子所需要自己完成的事情，比如：帮孩子穿衣服、装书包，帮孩子洗脸、叠被等，这些本来是孩子慢慢学习成长的事情，但很多职场妈妈都牺牲自己的休息时间包办了。

包办的结果如何呢？来看看下面的这个事例。

这位妈妈一辈子尽心尽力地照顾两个儿女，给孩子们买了房子、分配了工作，还指导了婚姻。

然而生活并未如这位母亲所愿，女儿的婚姻在一年后解体。由于女儿受不了这个打击，现在辞职住在妈妈家里，生活费及养孩子的钱都由妈妈出，什么事情都不做，女儿的孩子全由妈妈照顾。同时，这个女儿却非常恨妈妈，认为是因为妈妈对自己的婚姻不满，才导致现在的状况！

妈妈真是有苦说不出：自己快60岁了，不但要照顾30多岁的女儿，还要照顾她的孩子。即便这样，还要遭受埋怨，心里委屈极了！

对这位妈妈的心情我们表示理解，如果没有那么多的爱，妈妈不会把女儿一直照顾到现在。只是这样的爱，为什么会收获这样的回馈？孩子为何如此消极和无助？妈妈为何如此感伤和失落？

我们需要借鉴这位妈妈的经验，看看如何在早期避免这样的状况！

有些妈妈以为，妈妈的贤惠在于帮助孩子，甚至在他还没有说的时候，就替他做完！

在学校有不开心的事情，妈妈替你给老师电话；和小朋友闹矛盾，妈妈出面解决。

看起来事情解决了、过去了，可孩子失去了自己学习解决问题的机会，下次再遇到这样的事情，会增加对问题的无助感，没有足够的自信，缺少有成就感的经历和挫败后自己站起来的信心。

同时，孩子会把妈妈的做法和妈妈爱的初衷混为一谈，认为"不用我说就帮我做好的，才是爱！""替代我做事情才是帮助，才是爱！"这样的想法造就了孩子在人际关系中被动表达和依赖的特性。

没有人可以完全清晰地了解另一个人的内在心理，于是，当他人不能够很好地了解自己的时候，孩子那种无助的愤怒就会出现。

不论是替代孩子做了太多孩子做的事情，或者是替代孩子做了太多"不要做"的选择，妈妈都是按照自己的方式来塑造这个孩子的，让孩子失去收获自己成长的力量、负担起自我生命责任的机会。

如果孩子在长大以后，还依然依赖于爸爸妈妈，请不要仅仅责怪孩子，也检讨下自己的教育方式，你是不是曾经给过孩子机会，让他为自己的行为负责？

 ## 苛求完美——孩子无法承受的爱

从某种意义上说，孩子就是父母的希望，每个做父母的都希望自己的孩子有聪明的头脑，希望他们将来能成为人群中的佼佼者。与全职妈妈相比，职场妈妈的这种心情会更强烈，她们不想被别人背后议论自己因为光顾着工作连孩子都教育不好，因此，她们对孩子的教育就显得更加严格。可是，无论职场妈妈如何费尽心血，她们总是觉得自己的孩子还是不够完美，问题究竟出现在哪里呢？

先来看这样一则小故事。

从前，一个国王让他手下的一位神箭手射箭，他对神箭手说：我这儿有三支箭，只要你每支箭都射中十环，你就会得到一百两金子，可是你如果有一箭射不中十环，那你就得死。于是这个箭手怀着既激动又恐惧的心情，射出了前两支箭，而且都射中了。可是当他射出第三支箭的时候，却恰恰远离了箭靶。神箭手死了。

这个故事向我们揭示了这样两个道理：

其一，强迫、诱惑都会使人偏离心灵成长的轨迹。

其二，完美的开始不一定有完美的结局。

现实生活中，很多职场妈妈都同上面这位国王类似，对待孩子，她们努力给孩子最好的教育，从孩子还在娘胎里便设计出孩子将来的完美之路，而且付诸行动，让胎儿倾听音乐，让胎儿倾听大自然的声音，让胎儿倾听美文，即所谓的胎教。孩子出生后，从幼儿到童年，妈妈已经为孩子

构筑了最美好的蓝图：刚牙牙学语时，就让孩子背诵唐诗宋词，就让孩子学英语；稍大点，刚能进幼儿园，就让孩子学有所专，或绘画，或练琴，或舞蹈，或下棋，或书法……条件好的或期望值高的妈妈，会在爸爸的配合下让小小的孩子琴棋书画样样都来。上小学后，为孩子加小灶，功课必须得好，一技之长不能丢，不仅要学门外语，还得精于奥数，工作之余不辞辛苦地带着孩子东奔名师西奔考级。妈妈矢志不渝，孩子疲于奔命。

不可否认，在妈妈完美苛求中成长的孩子，往往做事认真，成绩超人，是父母和老师的骄傲。但是，进入青春期后，长期形成的完美习惯就会变本加厉，导致强迫症。有的孩子做作业稍有涂改，就全部撕掉重做；做题速度越来越慢，一遍又一遍地反复检查，甚至考试时做不完题目；更有甚者，因走在路上反复数脚下的地砖而经常上学迟到。

青春期不仅是孩子生理上的发育阶段，也是心理上的转折阶段。随着青少年自我意识的发展，一些少男少女开始变得对自己不满意了，无论身材、长相，还是学识能力，他们总觉得自己不如别人，希望能通过努力使自己在方方面面都变得更好、更完美。而妈妈早期完美主义的教育，更加促使孩子产生不现实的苛求完美的心理，使孩子对自我的价值心存疑惑，无论做得多么好，他们都不相信自己，这种认知习惯一旦固定下来，就会形成恶性循环，最终导致一种强迫性人格的形成。

追求完美是没有错的，可是过于追求完美只会让你的孩子感到无所适从，甚至毁了孩子的一生，希望妈妈们能在心里及早敲响警钟。

## 强求孩子练特长，误了孩子苦了自己

很多做父母的都希望让孩子学习一门艺术，因为这对于开发孩子智力、陶冶情操、活跃生活都大有好处，或许还能造就出一个"小天才"，职场妈妈当然也不例外，甚至有过之而无不及。但是，如果学艺成了孩子无法负荷的重担，剥夺了孩子童年的乐趣，那做父母的就应该重新思量了。

欣欣的父母高兴地去女儿的学校参加元旦联欢会，他们希望看到自己的女儿在舞台上的表演。但实际上他们不仅在台上没有看见女儿，在台下也没有找到。原来，欣欣的父母去年参加了联欢会后，看到别人家孩子出色的文艺表演节目，感觉很好，于是要求女儿也要进行这方面的训练，还告诉女儿说下次联欢会上，一定也要表演节目。

在文艺方面没有天赋的欣欣，不管如何训练都找不到感觉。但妈妈为了让她拿名次，强迫她学一个对成人来说都算得上高难度的舞蹈。她害怕表演时会出丑，所以就没有参加联欢会演出。为了躲避妈妈，她没参加联欢会，偷偷地跑开了。

"孔子教人，各因其材"，这是宋代理学家朱熹总结的孔子教育学生的方法。古人就已经知道根据不同的人来施以不同的教育，以此获得理想的效果。而现在有些家长对因材施教却缺少深刻理解。他们想让孩子出人头地，希望孩子在今后的激烈竞争中取胜，强迫孩子学这学那，结果却常常事与愿违。这其中的原因是父母没有注重孩子的自然天性，不了解孩子的个性特点，没有对孩子进行因材施教。

认识孩子是教育好孩子的前提。今天，大多数父母已懂得对孩子进行早期教育的重要性。许多父母想方设法、省吃俭用，为子女添置设备，让孩子去学钢琴、学书法、学舞蹈、学英语……常见于媒体的很多关于"天才儿童"的报道，让人们对这些孩子的表现感到吃惊。

然而，并不是所有的孩子都适合去做音乐家、演奏家、舞蹈家。很多孩子可能根本对音乐、书法、舞蹈就没有什么兴趣，父母的强迫反而造成孩子的逆反心理，甚至导致了一些不该发生的悲剧。

同样是孩子，在智力、性格、心理等各个方面会存在着不同的特点。父母首先要了解孩子自身的特点，改变自己的教育观念，顺应孩子的自然天性，采取适合孩子自身特点的方式，因材施教，才会达到事半功倍的效果。

## 滥用经济奖励，误导孩子害处大

职场妈妈因为其兼顾家庭与工作的特殊身份，在孩子的教育方面就显得时间少，而且精力也有限，因此，她们往往采取一种方便快捷的方式对孩子进行教育——经济奖励。

在当今的社会文化环境里，人们对金钱的作用越来越重视，在有些人眼中，用钱能买来地位，用钱能买来身份，但是用钱能教育孩子吗？心理学认为，一个人要达到某种要求需要获得一些物质奖励，一些外在的奖励和刺激在一定条件下是有作用的。比如，企业为了激发员工的工作热情，就会用高额奖金来作为动力。但是，经济奖励一定不能滥用，仅仅依靠外在因素的刺激，一旦失去吸引力，就不会再有驱动力了。

常君今年上小学四年级，因为学习科目增多，难度也不断加大，她的学习成绩有所下降。妈妈为了更好地鼓励她，就对她说在下一次考试时任何一门功课前进一个名次就奖励她50元钱。

考试后，常君高兴地拿着成绩单给妈妈看。妈妈一看她的成绩单，数学提高了两个名次，英语提高了两个名次。妈妈为了兑现承诺，将200元给了她。但是同时妈妈也开始担心，刚上四年级的常君一下有了这么多钱会怎么花，这个问题又让她很烦恼。

当前奖励教育方式已经得到了很多妈妈的认可，妈妈们认为通过经济奖励的方式可以激励孩子取得更大的进步和成绩。但如果妈妈不了解科学的奖励方法，一味进行经济奖励，虽然可能会起到一定的积极作用，但也可能会带来不可忽略的负面影响，如妈妈一味地对孩子的考试成绩实行物质奖励，会使得孩子的学习带上功利色彩，认为学习的目的是为了得到更多的奖励，这样会淡化教育目的，对孩子的人生观和价值观都会造成不良影响。

其实，妈妈可以选择奖励孩子的方式很多，可以给予语言上的赞美，或是给孩子买他们喜欢看的书籍作为奖励，也可以采取适当的经济奖励，但是不能滥用，以免适得其反。当孩子的奖金积累到一定金额，妈妈要引导孩子进行合理的消费。

妈妈对孩子进行奖励的时候还要明确地让孩子知道为什么受到奖励，对孩子的奖励要及时，要以精神奖励为主，金钱奖励为辅，这样可以强化孩子的进取意识。

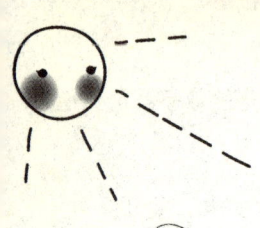

## 打骂孩子，一种"高投入低回报"的教育方式

职场妈妈要兼顾工作与家庭两项职责，因此时常会忙得焦头烂额。人若是长时间负担超出自己体力和能力范围的事物，就会倍感压力而引起烦躁不安的情绪。事实也的确如此，面对如此多而繁杂的事物，任谁都会高兴不起来。因此，当妈妈因为压力过大而倍感烦躁时，孩子的一个小小的错误可能就会引来妈妈大声的吼叫，严重时还会动手打孩子，久而久之，打骂孩子就成为了一种习惯。

妈妈应该及时认识到打不是教育孩子的好方法。要遏止打孩子的现象，必须充分认识到打骂孩子的危害。

### & 会造成严重的亲子隔阂

孩子挨打的时候，没有一个心里舒坦的。皮肉之苦，使他们产生怨恨、逆反、畏惧等心理。打的结果，母子之间的亲情日益淡漠，隔阂越来越深，个别孩子甚至会产生报复心理。

### & 孩子会失去自信，悲观厌世

每个孩子都有自尊，希望得到别人包括父母的尊重，而别人的尊重、信任，会使孩子产生自信，这是他们前进的重要动力。经常挨打的孩子，自尊心受到损害，产生自卑心理，极容易走上自暴自弃、破罐破摔之路。母亲本是孩子最亲近的人，经常遭母亲的打骂，孩子会感到人世间没有温暖，活着没有意思，于是悲观厌世。现实中，由于遭受父母打骂，出走者有之，自杀者有之，造成的家庭痛苦更是难以言状的。

再者，经常挨打的孩子会变得脾气暴躁，心惊胆战，产生对父母、对学校、对社会不满的情绪。比如，因为物理没考好而挨打，他便会憎恨物理知识、物理老师，甚至憎恨学校。一旦有机会，孩子可能会做出一些报复性的事情来。

### ❧ 导致孩子说谎

有的妈妈对孩子要求格外严格，一旦做错事对孩子非打即骂。为了逃避挨打，孩子往往违心地说谎，瞒得过就瞒，骗得过就骗，因为骗过一次，就可减少一次皮肉之苦。但是孩子说的谎话，往往站不住脚，易被父母发现。为了惩罚孩子说谎，妈妈就会打得更厉害。而为了避免再被妈妈暴打，孩子下一次做错事更要说谎，这样就构成了恶性循环。

### ❧ 促使孩子陷入孤独的深渊

经常挨打的孩子，会感到孤独无援。尤其是当众打孩子，会使孩子的自尊心受到伤害，往往会怀疑自己的能力，会自感"低人一等"，显得比较压抑、沉默，认为老师和小朋友都看不起自己而抬不起头来。于是这种孩子往往不愿意与父母和老师交流，不愿意和小朋友一起玩，性格上显得孤僻。

### ❧ 使孩子学习错误的解决问题的方式

打孩子绝对不是什么好的教育方法，只会是对孩子的一种个性压抑，尤其是给孩子造成一种错觉：弱者要服从于强者，暴力可以解决问题。而且，由于孩子模仿性很强，往往从家长那里学会了"以暴制暴"，学会了"打人经验"，染上了暴力行为。在家里挨打，到外面他就打别的孩子，尤其是比他小的孩子。家长打孩子，实际上成了教自己的孩子去打别的孩子

的坏榜样。这样孩子长大后，他很可能会以武力解决人际冲突，结果是破坏了良好的人际关系。

其实，很少有做妈妈的天生就会教孩子，也很少有妈妈能自然而然地成为家教高手。妈妈期望通过打来教育孩子的做法，肯定是错误的。因为无数事例证明，没有一个孩子是在打骂的环境中成才的。棍棒威吓可能会起作用，但只是暂时的，不会持久。而且，打骂孩子是对孩子正当权利的侵犯。其实，不打骂孩子一样可以教出优秀的孩子，每个父母都应该牢记这个教育理念，把孩子当朋友，这是家庭教育中的重要原则。所以，为了使孩子能够健康地成长，现代父母必须拒绝打骂孩子，改变以打施教的教育方式，对孩子循循善诱，以理服人，给孩子的成长创造一个良好的环境和一片快乐的天空。

## 随意批评、斥责，扼杀孩子的好奇心和求知欲

每个孩子都对他们刚刚接触的这个世界充满好奇，作为一个合格的妈妈，最重要的是能够发现、发掘这份宝贵的好奇心。学会观察孩子是妈妈必备的一种能力。你的宝贝究竟有什么特点、将来可能会在哪方面有特长、他会有怎样的潜能……都是妈妈通过一点一滴的生活细节观察出来的。

好奇心是孩子创造力的表现，许多天才的发明往往都来源于好奇心。孩子常会指着那些新奇的东西，问这是什么，那又是什么，为什么会这样等等，而这些让他们产生极大的兴趣的新奇事物，很有可能就是大人们习以为常的东西。但是，妈妈可不要小看孩子们的这些奇思怪想，这中间往往蕴藏着不可预测的潜能。有关专家在研究北大、清华学生的学习动机时，发现所有的动力原型都是对知识的新鲜感，即好奇心。好奇心是人获得智慧的关键。保护孩子的好奇心，就是保护孩子未来的幸福。

孩子的好奇心是他智力发展的动力。他会因为好奇，不断地接触新的事物而变得聪明，会因为敢于向新事物挑战而走向成熟。职场妈妈因为没有过多的时间陪伴孩子，为了防止孩子淘气发生意外事故，就希望他们变成一个听话的乖孩子，从而不惜扼杀他们的好奇心，束缚他们的手脚，结果是事倍功半，得不偿失。

请想一想，孩子如果对什么都不好奇，都无所谓，他还会需求什么呢？

晗晗今年6岁，他聪明伶俐，对任何事物都有强烈的好奇心。

有一天，晗晗独自在客厅里玩耍，妈妈在厨房做饭。无聊之余他对一个精致的玩具汽车产生了兴趣，想拆开来看个究竟。可是，拆开以后，就再也装不上去了。

当妈妈看到被"肢解"的玩具时，便十分生气地对晗晗说："你怎么这么顽皮。这可是爸爸送给你的生日礼物，刚买没几天，你就把它拆了，看爸爸怎么收拾你。"

儿童为什么喜欢损坏玩具呢？意大利著名教育家蒙台梭利说："这是因为他想知道这件东西的构造"，"他在寻找玩具里面是否有有趣的东西，因为从外观上玩具没有一点使他感兴趣的地方。"所以说孩子能拆开玩具，说明孩子有求知的欲望，能自己去看待问题、研究问题。当妈妈的不能一味地批评，更不要扼杀孩子的好奇心，否则就可能扼杀了未来的人才，因为生存的技巧就在于你敢不敢去探索知识，去探索未来。

当孩子把新买的玩具拆得乱七八糟时，妈妈的批评、痛斥甚至是打骂，可能会扼杀了孩子探索未知世界的进取心！当孩子刚刚萌芽的好奇心受到打击的时候，他或许从此会变得规规矩矩，但也会就此丢掉了先天具有的天才的发现力和创造力。

所有的父母都希望自己的孩子能够成才，为了指引孩子努力的方向，他

们不惜花钱让孩子上各种各样的培训班,向孩子讲述成功人士的成长经历,希望借此找到孩子的成才之路。但他们不知道,可能仅是对孩子兴趣和好奇心的一点点不耐烦或批评,就可能断送孩子一生成功的重要机会。

所以,作为妈妈要想使自己的孩子对学习产生兴趣,就应该保护孩子的好奇心,鼓励他们在满足好奇的过程中获取知识。

##  随意许诺,总给孩子开"空头支票"

"一诺千金"是中华民族的传统美德。古人云:君子一言,驷马难追。母亲教育子女一定要做到一言九鼎、言而有信。一诺千金不仅仅是简单地兑现某个诺言,更重要的是可以培养孩子遵守诺言的意识,这是一个非常重要的品质,甚至可以说是无价之宝。

然而,在现实生活中,值得我们反思的是,很多职场妈妈因为工作繁忙,下班后还要忙于家务,因此为了制止孩子的纠缠不休以便专心做自己的事情,她们往往向孩子许下这样那样的承诺,可却很少有兑现的时候。久而久之,孩子对妈妈的做法习以为常,也就不会去遵守自己许下的承诺。而且,当妈妈不能依照承诺履行诺言时,孩子就会对妈妈的食言感到生气,且不再相信妈妈的话,时间久了,累积的怨气不但会严重影响亲子间的和谐关系,也会降低孩子对妈妈的信任度。

"明明,好好学习,如果你下次大考能进入年级前30名,妈妈就休假带你去北京看天安门。"小明自从上小学二年级后学习成绩一直下降,他妈妈非常着急,于是就向小明许下了这样的诺言。小明听了妈妈的话后异常兴奋,非常努力地学习,最终如愿以偿地取得了良好的成绩。当小明将考试成绩告知妈妈后，妈妈也非常高兴，但她对当初的承诺只字不提。两天后，小明终于忍不住要求妈妈实现诺言。

妈妈下班刚到家，小明就急忙跑到妈妈身边："妈妈，咱们什么时候去北京呀？"妈妈说："我有事不能休假，去不了了！"小明一听就急了，拉着妈妈的手说："干吗不休假了？干吗不去了？我就要去！"妈妈挥挥手："不能去就是不能去，小孩子问那么多干什么？该干啥干啥去。"小明不依不饶地大叫："不行，就得去！你早就答应我了，不能说话不算数。"小明这一嚷嚷，妈妈也生气了："你这孩子怎么这么不听话！我是妈妈，我说不去就不去，还用你批准！"小明大哭了起来："我都已经告诉我的同学我要去北京了，到时会给他们带好吃的，还给他们看照片。现在不去了，叫我怎么和同学说呀，人家一定会说我就会吹牛！"妈妈也对小明嚷嚷："妈妈的工作重要还是你们同学重要？不去就是不去！"

小明还是不放弃，再三要求妈妈带他去北京，结果妈妈一生气，给了他一个耳光，还大骂他不懂事。小明万分伤心，从此再也不相信妈妈的话了，学习上也丧失了动力。后来还是小明的老师了解到具体情况，跟他的妈妈及时做了沟通，他的妈妈这才明白过来，后悔当初不负责任地向孩子许诺。

想一想如果你是小明的妈妈，你会怎么做？许多时候，你是不是为了达到目的，随口哄哄孩子，对孩子做出承诺，而后却没有兑现。

其实，妈妈的出发点是没错的，是希望给孩子的进步增添一点刺激，使之有动力。然而，妈妈为自己的"爽约"寻找理由时，却使承诺带来的正面刺激一步步走向消失。假若妈妈总是为自己的"爽约"寻找客观理由，那么，孩子将来也会为自己做不到的事寻找各种借口，而不从自身寻找原因，不肯道歉及反省自我。这是一种什么样的后果？

没有信任就没有威信。父母失信于孩子，害处是相当大的。

一是因为孩子有时并不能真正了解事情的原委，所以会认为父母说话

不算数，从而不再信任父母。以后父母再要求孩子什么，答应孩子什么，在孩子心中都会打折扣，使得父母与孩子的交流、沟通出现障碍。而且，家长会失去自己在孩子心目中的威信。家长的威信从哪里来主要基础就是自己的言行。说话算数、说到做到的家长，会使孩子重视他们所说的每一句话。

二是如果父母常把对孩子的承诺不当回事，会让孩子觉得一个人可以说话不负责任，答应的事也可以不办，这可能会让孩子变得不遵守诺言、不承担责任，或是总以猜忌、多疑、不信任的态度对待其他人。这对孩子的社会交往、人格魅力的形成都是很不利的，会对孩子的一生造成影响。

三是父母越是用所谓的"权威"强迫孩子就范，孩子就越是怀疑或不相信父母，从而与父母之间出现矛盾、隔阂，影响亲子的感情交流和相互信赖，甚至出现逆反心理——父母越是让孩子往东，孩子越是要故意往西，使很多原本不该出现的问题尖锐化。

所以，作为妈妈一定要做到说话算数，切不可为了达到某种暂时的目的而欺骗孩子，对孩子撒谎。

妈妈与子女之间的相互承诺也应像与成人的交往一样认真对待，它不仅是与孩子交流的一种合理形式，也是培养孩子健康人格的一种教育手段。当孩子认识到自己答应了的事情就必须做到时，便有了责任感，从而督促他们学会履行责任，养成良好的道德习惯。

## 认定分数代表一切,抱怨孩子脑子笨

"你真笨,你看看,这么简单的题你都做不出来!你啊,我看是稀泥糊不上墙,真是没指望了。"

"孩子,妈妈相信你,相信你努力后会取得好成绩,相信你能成为最好的自己。"

这是两种截然不同的声音。职场妈妈因为承受着太多工作与生活上的压力,再加上对孩子殷切的期望,所以在教育孩子方面就显得更为严厉一些。尤其是孩子学习成绩一旦不好,妈妈恨铁不成钢的心理往往会让她们说出类似前面这句很刺耳的话。但由于经常会听到,经常会说到,所以也就习以为常,也就不觉得有什么不对了。

然而,妈妈们是否会想到,久而久之,你们传递给孩子的是一种什么样的信号呢?你们又向孩子暗示了什么呢?你们的孩子是否从你们那里得到了这样的定论:"我不行,我很笨,我就这样了。"于是,他们就破罐子破摔;你说我坏,我就坏到底;你说我笨,我就笨得不识东西南北。

这并不是危言耸听,事情就是这样,如果你常用一个词语给某人以标定,往往会使某人顺从你给予的标定,做出相符的行为,尽管你的标定并不一定十分准确、合理,有时甚至是错误的,但标定的假身份往往会真的逐渐地成为本人的真实写照。这种现象对年幼儿童,特别是易受暗示影响的人作用最大。所以,聪明的妈妈不该抱怨孩子笨,应该对孩子多说鼓励性的话,调动孩子的积极性。比如:"虽然成绩不理想,我觉得你尽力了",

"你能学得更好","爸爸妈妈为你的进步骄傲"……

社会心理学认为,每个人的自我形象,部分地取决于自己对他人反应的理解,即通过"我看人,人看我"的方式形成。自我形象一旦形成,它又会成为制约人们、塑造人们的规范和自我力量。"说孩子笨,孩子就越笨"的心理基础,就在于此。

由此,我们想到妈妈经常对孩子说而又不应该说的一句话:"你脑子笨"。类似的话还有"你是榆木脑袋","你是猪脑子","你简直是傻子,谁都比你聪明"等等。妈妈的话往往是由于孩子不努力学习,感到很生气说出来的,但也有些妈妈,确实认为孩子的脑子不灵。其实,孩子上了小学以后,经过努力能跟上班的,都属于智力正常,根本不存在笨的问题。如果父母总说孩子笨,会给孩子造成"我笨"的心理定式,不但影响孩子的智力活动的积极性,还会限制了孩子智力的发展。

那天,睿睿从老师手里接过英语试卷,糟了!只有59分,她垂头丧气地回到家中,胆怯地靠在门边,眼睛盯着脚尖:"妈妈,我英语只考了59分。"

"爸爸妈妈小时候都很聪明,你怎么这么笨呢?左邻右舍的孩子个个都聪明,怎么你就这么笨呢?"妈妈先是愣了一下,接着眼睛瞪得像铜铃,声色俱厉地说道,"你真是一个笨蛋,我辛苦工作让你上学,谁知你这么笨,才考了这么点分……"

听着妈妈的话,睿睿的眼泪禁不住流了下来,妈妈不耐烦了:"哭,哭,有什么好哭的,这么笨还好意思哭?"

实际上,学习成绩不能代表孩子的全部,孩子成绩差未必将来没出息。美国畅销书作家斯坦丁博士对733位百万富翁进行调查,从他们的成功经验中总结出30项最具有代表性的因素,而"在上学时学习成绩最好"一项居然排在最后。

可以说,每个孩子自降生以来都是妈妈的宝贝、希望,哪个做妈妈的不想让自己的孩子健康成长，让自己的孩子出人头地呢？但真正特别出色、各方面都优秀的孩子却很少，于是做妈妈的就对孩子不满了，有时候口不择言，甚至骂孩子打孩子。其实，每个孩子都有自己与众不同的个性，都蕴藏着很大的潜能，需要得到家长的鼓励与欣赏，才能最大地发挥出来，更好地成长。

# 第三章

**天平的两端：**

**孩子在左，工作在右**

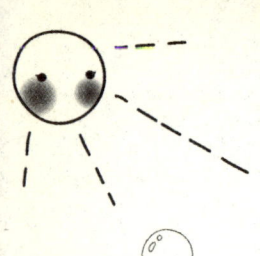

 纠结：做好员工or好妈妈

我们的母亲辈和祖母辈，更多凭借母性的本能和传统美德来养育孩子，然而新一代的妈妈，面临着更多困境，同时对自己的角色也拥有更多知性的理解。尤其是一些年轻的母亲，常常陷入照顾孩子和自我追求的矛盾，时时感到困惑甚至焦虑。法国精神分析学家克里斯蒂安娜·奥利维耶认为，现在的女性会有一种被背叛的感觉：一方面，女权主义促使她们努力工作，不断奋进，也使她们过上了比较富足的生活；另一方面，她们不知道该如何做好一个现代妈妈，也就是说，接受自己无法最大限度地承担母亲职责这个现实。的确，现在女性大部分都有工作，可以用来陪伴孩子的时间减少了，甚至有时不得不在孩子和工作之间作出两难的抉择，这让她们感到负疚，也感到焦虑。于是又有一种声音渐渐回潮，认为在孩子出生后的几年之内，妈妈应当尽可能地把时间、精力用来陪伴孩子。当妈妈与做工作，抚养孩子与追求自我，到底应该如何选择，如何平衡呢？

当妈妈与做工作，鱼和熊掌可以兼得吗？选择继续工作的妈妈，面临的最大压力是什么？最需要的支持是什么？如何做才是对自己和孩子都比较好的呢？我们是否可以不纠结地，同时做足够好的妈妈和足够好的职业女性？

是优先做好工作，还是优先做好妈妈？在这个问题上，个体差异非常大，并没有普遍一致的答案，但是每个母亲都需要去权衡得失，想清楚对自己来说最重要的是什么，自己心里要有优先的排序，这样内心就不会慌乱，不会出现强烈的焦虑或冲突。

### ✦ "尽本能地去做妈妈"

安顺是在有了儿子之后，才领悟到做妈妈的意义。之前，她做着自己喜欢的平面设计，很忙很累，但也充实满足。要不是为了孩子，无论如何都不可能辞职回家。儿子一岁半的时候，安顺觉得生活质量大幅度下降，对一切都不满意，于是又回到工作岗位。然而工作已经不能再给她那么大的满足，因为她不再有从前那样平衡的心态，而是无比纠结。她几乎看遍国内外的育儿书，悉心理解着儿子的每一个举动和需要，可是当她白天出去工作照顾不到孩子，看不到他的每一步成长时，心里就很抓狂。她觉得："即便我说自己工作是为了养孩子，可是我出去工作，让保姆来我家工作，这是多么奇怪的一件事！"那时候安顺觉得什么都不可能满足她，除非和孩子在一起，心里才能踏实。经过权衡，她决定暂时放下工作，放下社会角色，尽本能地去做一个妈妈。

### ✦ "做一个有自我的妈妈"

深爱女儿的瑶瑶，一度也曾想过要在家做全职妈妈，多多陪伴女儿。但是，经过一番深思熟虑，还是做了"复出"继续工作的决定。她觉得，还是希望女儿看到的自己，是一个有自我的妈妈。如果女儿看到妈妈有工作、有朋友，过着快乐充实的生活，那么妈妈就给女儿树立了一个榜样，将来她就更有可能成长为一个快乐的、有自我价值感的女性。"我想，所谓的言传身教，应该就是这样吧。"而且她发现，重新开始工作之后，每天回到家再看见女儿，会觉得更开心、更幸福。虽然与女儿相处的时间少了，但相处的质量却提高了，因为在有限的相处时间里，她会更加投入。在瑶瑶眼中，有魅力的女性，就是那种在每一个社会角色里都非常投入，但又能完成在多个角色间自如转换的人。

### ✦ "为了事业，该不该和孩子分离？"

因公司人事调动，金蕾很快将被调去遥远的北方城市工作至少2年。

这是期盼已久的机会，她还很年轻，不想停下事业上前进的脚步。可是，刚满两岁的女儿又让她实在放心不下。虽然原来女儿也一直是爷爷奶奶在带，但起码每天下班后金蕾都会陪她一会儿，周末还能带她出去玩玩。以后如果真去了北方，每个月只能回来一次，每次最多待三四天。而且再过半年，女儿就要上幼儿园了，在她的生活模式发生那么大变化的时候，做妈妈的却不能在她身边，怎么想都让金蕾觉得满心愧疚，非常不安。她从书上看到，3岁以前是孩子性格形成的重要时期，也就是说这个过程对孩子以后的人生影响很大，而父母对孩子来说又是不可替代的，金蕾害怕此时的分离，会给孩子今后的心理和性格发展造成阴影。

### ❦ "很多时候，我会心不在焉"

安心做了妈妈以后并不快乐。她原本在一家公司就职，工作业绩出色，可生了孩子以后原来的很多业务都由别人承担了，这让她颇感失落，于是干脆递交了辞职书，回家做起全职妈妈。虽然家里经济条件宽裕，丈夫也通情达理，可安心却常常感到紧张和焦虑，这种情绪还影响到她养育孩子时的行为状态。有时候，她会亲切地用目光和儿子交流，温柔地拥抱、抚摸他；但也有很多时候，她在照顾儿子时会心不在焉，总觉得自己应该有新的目标并开始为之做准备；还有更多时候，为了不打乱自己的睡眠、吃饭和休闲习惯，她会把儿子交给保姆。每当安心从阳台上看到别的母亲怡然自得地推着儿童车在外散步时，一丝内疚就会掠过心头："做妈妈是人生中很幸福的一件大事，可是我为什么常常不快乐呢？"

### ❦ "我把孩子也当成了自己的员工"

苏雪是一家公司的部门负责人，典型的事业型女性，不过随着女儿渐渐长大，她觉得自己应该留出更多时间陪伴女儿。可事实却常常令她感到沮丧。比如某天上午她有两个小时空闲，决定带女儿去科技馆玩，但女儿磨磨蹭蹭，就是不肯好好吃早饭，两个人"斗争"了很久，时间就这样消耗掉了，等终于吃完饭，只剩下不到半小时，即便女儿还是很想去科技馆，可无论如何都赶不及了，最后大家都不开心。"很多时候就是这样，我差不多是把女儿当成了员工，几乎要把陪她这件事都写在日程表上：这一个小时是你的，所以你要好好利用，因为等到下一个小时，我就要去见别的人、做别的事了……"苏雪反思最近和女儿几次不开心的原因时说。

理想状态当然是妈妈又能工作又能照顾到孩子，但很多时候这很难实现，因此当妈妈出去工作时，为孩子选择合适且稳定的替代养育者就非常重要，比如外婆、外公、爷爷、奶奶，或者月嫂、保姆。

### 专家意见：优先选择自己的幸福

心理学专家认为，"母亲"这一角色对女人而言的确是非常重要的。孩子对母亲有着绝对的依赖，需要她的喂养才能长大，这本身对女人来讲就是生命中非常重要的一部分。当她无法照顾孩子的时候，这部分的意义就丧失了。因此那些因为工作繁忙，不得不将孩子交给其他人带的妈妈们，常常会有这样的焦虑：自己无法完全参与、见证孩子的成长，也无法给予孩子最需要的呵护。

韩国育儿专家申宜真常常说："愿妈妈们首先幸福。"幸福的标准因人而异，但是幸福的人有一个共同特征，就是他们都认为，自己就是人生的主人，生活不依靠其他人或者运气，而是会随着自己的努力而发生改变。因此妈妈优先选择自己的幸福，绝对不是自私的决定。因为孩子其实会下意识地模仿妈妈的生活态度，如果妈妈表现出独立的、有个人存在感和个体价值的姿态，孩子也会在不知不觉中学会如何让自己获得想要的生活。有许多妈妈为了孩子"做出牺牲"，忍受着不理想的生活状态，但是这样的话，孩子就无法从妈妈那里学到如何培养独立的人格、如何获得自己想要的生活，结果对谁都没有好处。

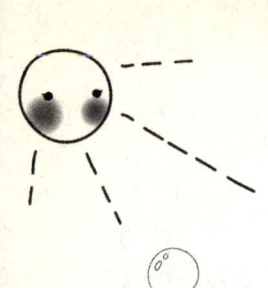

## "产假后休克",职场妈妈怎么办

"产假后休克",通常指女性休完产假重返职场时,由于自身因素和工作环境发生变化,短时间内不能适应工作,从而丧失自我价值感的应激状态。

导致"产假后休克"的原因主要有以下三个:

一是社会偏见。社会普遍认为刚生完小孩的女性全部心思都在孩子上,对工作不会那么尽责。在一项调查中,有三分之一的母亲说自己休完产假后,不再像以前那样被老板看重了。

二是专业知识更新。休产假期间,妈妈们很难随时更新专业知识,工作思维和方式都停留在休假前。这样,休假的时间越久,与同事之间的差距越大。

三是自我角色转换和家庭因素。虽然已经上班了,但照顾孩子和干家务的责任大部分还在妈妈们身上。如果得不到家人的支持,自己又没做好角色转换的准备,就会严重影响工作效率。

一旦出现"产假后休克",可以采取以下办法尽早"复苏"。

宽容对待岗位变化。妈妈们可以换一种角度来思考问题,比如长时间不工作后,自己原有的工作方式是否需要重新调整?企业是否正在进行新的任务,需要自己逐渐来熟悉?放下架子,把自己当作新人,更有利于观察学习、尽快适应新环境。

懂得"求助"。请丈夫或者其他一切可利用的资源帮助自己,比如请小时工或者保姆照料孩子、做家务等等,通过分担角色,减轻自己的压力。

多和同事沟通。沟通一来可帮助自己了解单位变化并且尽早融入工作团体，二来能提供情感支持。所以，留一点空间给自己和朋友，暂时摆脱母亲的角色，重新体会自由的感觉。

## 产后上班前，给职场妈妈的十条建议

新妈妈产后如果重新回到工作岗位，并不是重新开始上下班那么简单，可能会彷徨、失落，甚至害怕，一切都变了样。那么，新妈妈的胜算有多少呢？这里给打算重返职场的新妈妈一些建议。

第一条：为了保住职位而匆忙重返职场，容易出现心理压力与焦虑，因此新妈妈需要花时间去调整与适应。

第二条：离开职场太长时间，往往会造成信息、思维的落伍脱节。建议新妈妈保持与同事的联系，可以多了解新鲜信息。

第三条：态度决定工作效率，新妈妈最有可能遇到的尴尬事就是被替换，但只要保持了可以一切重来的心态，也能够无往不胜。

第四条：用转行来打开第二个职场之门。俗话说"职场跳高不跳远"，在转行之前，应该要思考新选择的行业，是否合适自己？是否有前途？是否能坚持？否则就会不断陷于找工作的尴尬。

第五条：把生活作息调适好后再回到职场。规律的生活有助于调整懒散的身体状态，这是值得新妈妈学习的一种方法，但一定要取得家人的支持与理解，才不会造成一些不必要的矛盾。

第六条：赢得老公的支持。这是一种聪明的做法，不仅能让老公体会到育儿的辛苦，还能让夫妻间的感情更稳固。

第七条：职场的第二次选择，应该以兴趣为出发点。把兴趣发展成职业，可以让妈妈更应付自如。比如在家开网店，和孩子相处的时间也更多一些，可谓一举两得。

第八条：充充电，再上班。重返职场，迫切要做的是提前了解行业内的新动态，如找同事要一些资料和行业杂志，把自己的疑虑发到论坛上去，等等。有准备的人也会为自己加分不少，更能很快的融入到工作圈中。

第九条：身材恢复好再上场。减肥的日子是痛苦的，但也是值得的，因为付出了这些努力，也让你在未来更珍惜自己这份工作，业绩比生孩子之前还要好很多。寻找到建立起让自己自信的方法，然后努力去实现，职场启动就变得轻松多了。

第十条：休整好职场旧伤以后再出发。把产假当作休整，可以让新妈妈对重返职场抱着积极态度，也会有更多克服难题的勇气。

新手妈妈重返职场，总会遇到各种各样的问题，例如原来的职位已经被替代，跟不上职场节奏，家庭和工作之间难以兼顾，都会让新手妈妈产生烦恼、焦虑的想法，甚至会造成一些妈妈的退缩，干脆在家专职带孩子。但随着孩子年纪增大，妈妈再次面临选择，在患得患失之中，极有可能让妈妈与自己的职场生涯一再擦身而过。

其实顺利返回职场并不难，只要保持良好的心态、积极的情绪，在遇到难题时，懂得寻求帮助和解决办法，加上取得家人的支持与理解，新妈妈的职场生涯一定会重新绽放出活力。

## 懂得取舍，职场妈妈照样能做办公室红人

在历经了10个月的甜蜜与辛劳之后，小芳以一个小宝贝母亲的身份再次步入职场。这次不同以往，小芳第一次这么久中断职场生涯，上班让她有些力不从心，对工作的适应能力也令她稍稍吃惊。因为她发现自己的精力有些不集中；自己的体力也好像差强人意。这是怎么啦，小芳为自己的状态焦虑不安。

许多像小芳一样的年轻妈妈，在孩子很小时也出来工作，并获得了认同感。的确，这是一个比较困难的工作期，年轻的妈妈要同时面临养育好孩子、维持一个幸福的家庭，又要争取在工作上不输等许多现实问题，要上演好这一个身兼数职的角色，就要锻炼自己的承受能力，不能要的太多。

### & 养成自信的习惯

虽然你休息了不短的时间，可能会比同事做事慢一些，甚至一切要从头开始，也可能被安排到自己从不熟悉的部门，你一定不要失落、自卑，要知道这一次的开始比你刚进入社会时要从容得多，你不仅有工作经验，你还获得了不是每个女人都有的生活阅历，那是你丰厚的心灵积累。

### & 懂得取舍

你已经不是一个所有时间任你安排、一切任你操纵的自由人。你绝不应为了多挣钱，或表现自己，而索要所有的机会，那样你会狼狈不堪，什么都干不好。

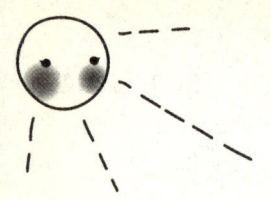

### ❦ 衣着暗示

从前你是那样精致完美，一个瑕疵都逃不过你的眼睛。而今天工作的你因为疲惫忽略了外在的服饰修饰，这会让你的职场新形象大打折扣。少女式的变化不定的时髦款式和那些鲜艳的流行色要慎重选择。把在家休闲的服饰和上班的职业装严格区分会让你在意角色的不同，这种衣着暗示能让你感受做完美女人的幸福。

### ❦ 保持青春

你很可能会因为当了孩子的妈妈而变得拖沓，忽视对周围新鲜事物的关注，内心的欲望也不如以前，你不愿意也不再刻意拿出时间衣着光鲜地去听音乐、看话剧，甚至不买最新的光碟。你可以不在外表保持一个前卫追随者的形象，但你的内心怎么能这样落伍呢，保持青春吧，重要的是心态。

### ❦ 协调办公室人际

年轻妈妈在职场上一样会碰到各式人际关系。比如青春的新鲜女生，比你大不了多少的老练的上司，你该如何在他们的周围取得一个游刃有余的工作氛围呢。你也许会因为孩子而提前回家，那你一定要提前把工作做好，甚至你可以提前到办公室做好一天的准备。不要在办公室大谈做妈妈的艰辛，人们不会因为你是妈妈而忽略同你竞争。不要因为孩子的问题常常向上司请假，那样你很容易陷入被动状态。你应该培养幽默、轻松的性格，让同事觉得你是他们中的一员，令人愉快的一分子。当然，如果遇到非正式场合你也可以应同事的要求，谈谈育儿经验，展示你的亲和力。

### ❦ 约会女朋友

别以为从此你就两点一线：家——办公室，办公室——家了，你没有时间找朋友倾诉你内心的感受了。赶紧约会你的女伴，你会有新的感受和好心情。如果她和你一样有小孩子，你们可有的交流了。如果她还闺中一人，她以一个自由人参与社会的青春活力一定能感染你，这也是你进步、保持新鲜的一种方式。

## 积极面对工作，抛掉没有必要的内疚感

很多妈妈在重返职场后都对孩子怀着强烈的内疚感。一位妈妈说："刚休完产假上班时我觉得特别对不起自己的孩子，遇到出差或者出去玩的机会，我从来不去。即使有时加班，我也会找各种理由逃避，结果反而把自己搞得特别焦虑和疲惫。"

母亲有全职工作与否，不会影响孩子的身心健康，真正对孩子有影响的是母亲对工作的态度，是积极乐观的，还是很不情愿的，或是充满负罪感的，这些不同的态度会直接影响到孩子的成长。调查得出的结论是：那些乐观的、不为孩子过度担忧的女性，是称职的母亲和员工。

心理学家介绍，很多妈妈对孩子报有强烈的内疚感，某种程度上源于对自己与孩子亲密关系的担心。其实，只要你在上班之前真心地去爱孩子了，你和孩子之间就已建立起一个坚实情感的基础。而且，在重返职场后，你仍旧会关心孩子，养育他长大，你和孩子的良好关系会一直延续下去，随着时间的推移会更加牢固，增添更多的内容。

职场妈妈还要认识到，随着孩子的成长，他会把越来越多的人编进他的人际关系网中，这是一个成长中正常的、必然的过程。如果你与孩子的关系过于紧密，反而会妨碍他的成长。所以，职场妈妈需要不断调整自

己与孩子之间的关系，无论对孩子还是对你自己，这一点都非常重要。最重要的是，要及时梳理不良情绪，遇到困难不要一味抱怨，要学会调整心态，缓解焦虑。另外，不妨多留些时间给自己，等宝贝睡觉了，舒心地享受一个热水浴，或听听音乐，对调节心情也会有帮助。

对于职场妈妈来说，再长的产假也是短暂的。或许，过度焦虑和惧怕的心态会导致职场妈妈的短视行为，在职场妈妈面前出现的是一座高山，需要艰难地开辟路径。不过，如果职场妈妈能够后退一步，做个深呼吸，也许呈现在你面前的会是一片海洋，那就是用积极的心态去面对工作，面对选择，学会用正面情绪影响孩子，在每时每刻储存自己的内心能量……让工作的热情和母爱的涓涓细流自然而快乐地流淌。

## 职场新妈妈巧解孩子与工作间的矛盾

一是相信听到的所有事。解决方法是你要相信自己可以做得很好。

在孩子出生的最初几个星期，你恨不能从所有身边的人那里寻找建议，千万不要那样。但是即使你不那样做，身边的人也会想办法用各种方式向你提议。来自不同的人的意见往往有可能是相互矛盾的，比如一个熟人告诉你要和孩子睡在一起，但你最好的朋友却极力反对。你的表姐告诉你，孩子吮吸他的小手指是没有问题的，但儿科医生却告诉你要给他安慰奶嘴。甚至不同的专家给出的育儿建议都不同。你到底该听谁的？

要明白，决定权掌握在你的手里。如果你尊重每个人的意见，并严格执行，那么你就失去了创造生活的乐趣和原则。

朋友和亲属可以给你提供有用的育儿建议，但是记住：你和你丈夫的直觉就是最好的向导,你知道的比你想到的和做到的都多。

二是过高估计你的业余时间。解决方法是更好计划自己的时间。

无论你计划在有了孩子以后在家里待多长时间,几个星期、几个月或者几年,你都不要觉得你在家里带孩子是在度长假。相反,自从有了孩子,你开始了新的工作,和一个更小的、经常唱歌的"老板"一起工作,他经常非常苛刻,即使在周末也不给你休息时间。在孩子小睡的时候,想把你们假期里拍的照片放在相册里,或者重新整理一下衣橱,都是不可能的。现在的日子可不是你过去的生活加上了一个孩子,是完完全全的新生活。

你想等一切事情做完之后,和老朋友聚一聚,每天晚上可以做晚饭,但这一切都无法和你孩子的作息时间相吻合。最差的时候,可能是你的孩子整天都在不断地哭,最好的时候,是孩子醒了,要你照顾他,哭上半个小时,再要你抱着,睡上45分钟,然后再重复刚才的那个循环,就这样过上一天。

所以建议你每天给自己定一个现实的计划:给朋友打个电话、写三个谢谢你的纸条、整理床铺。一天结束的时候,当你把单子上的每一条计划划掉,你会觉得非常高兴。

三是把孩子当成生活的唯一。你应当适时地给予彼此更多的关注。

喂奶、换尿布、哄孩子睡觉、逗孩子开心,结束了这样一整天的辛苦之后,你可能最想和刚回家的丈夫说,你想一个人彻底地放松。可是他却告诉你,上班一天,回家很累了。刚躺下就呼呼睡去,甚至晚上仍然要你给孩子换尿布。

孩子小的时候,你感觉压力很大或者情绪忧郁,婚姻上出现一些小问题都是正常的。因为从无忧无虑的二人世界到养育孩子的转变过程,其实是对婚姻的最大挑战。但是你还是要把婚姻放在第一位。如果可能的话,雇一个保姆或者小时工,每周让你自己有一次你们两个人的约会日。你

们可以谈谈孩子，也可以聊其他的事情。只要互相关注对方，并且成为习惯，就对婚姻很有帮助。

四是把自己放在最后。其实你本来应该给自己一点空间和时间的。

在孩子还是婴儿的时候，就记得每天给自己一点时间，喝一杯咖啡、看一会儿报纸，这半个小时会让你觉得这一天很特别、感觉很好。

有了孩子以后，给自己一点时间和空间非常必要，当然不是要放任自己。找个时间在电话里和朋友聊个天，或者去上瑜珈课，找回本来的自己。别总觉得你自己是机械的、不快乐的，你越快乐，做父母就做得越好。

五是把丈夫当成育儿局外人。其实二人应该共担此任，共同学习，共同进步。

新爸爸和新妈妈一样，学习育儿都需要一个过程，所以不要把丈夫排除在外。他能找到自己带孩子的方法，你也许觉得照顾孩子是你自己的事情，从一开始，你给孩子换尿布的速度就很快、给他洗澡时也很有条不紊。你的丈夫也需要找到这些技巧。因为一个人照顾新生儿，工作量实在太大了。

在他帮你的时候，你对他不要推辞、不要责备更不要不断地命令。有些妈妈希望丈夫帮助他们，又不愿意完全依靠丈夫。只有确定了孩子不会冷、丈夫不会给孩子喂太多，不会在孩子吃过以后和她玩得太激烈导致孩子呕吐，才能真正信任和依靠丈夫。这完全没有必要，丈夫和你一起学习做父母，你会更轻松，你们也能互相学习，掌握更多的技巧。

六是遇到事就紧张。解决的办法只有一个，这就是请你放轻松。

每个孩子都会遇到一些健康问题，有的可能还比较严重，让初为人母的你非常担心。即使是健康的孩子也会出现一些病症，比如湿疹、咳嗽、疝气、腹泻等。其实你不用太担心，今天的社会，很多事情都是可以控制的。当你能面对这样的事实，就会觉得好一些，因为事情已经发生，而且不是你能够避免的。

作为新妈妈，你一定会很担心，因为你从来没有面对过这么重的责任，带孩子又需要非常实际的经验。如果你能在孩子还非常小的时候就放松自己，你就不会那么担心将来会发生什么你意想不到的事情。

七是将自己的孩子和别人比孩子。正确的态度是你应该认识到，每个孩子的发展都是不同的。

你的孩子睡整夜的觉吗？他会笑吗？他能试着坐起来吗？别把注意力都集中在他已经达到什么样的水平上，不要受其他父母的影响，因为那样你会觉得你的小宝贝总有些地方发展得比别人慢。

孩子的发展都有自己的规律，这时你要用一种平常的心态和放松的心情来对待。一个孩子爬得早并不代表他比别人发展得好，只是更多地说明他想追赶父母的脚步。

八是忙得牺牲了自己的休息。解决方法是尽可能地让自己得到足够的休息。

每个新妈妈都说白天孩子睡觉的时候她也想睡。但是经常有那么多事情要做，家里非常凌乱、要洗盘子、洗杯子，根本无法睡觉，直到自己筋疲力尽。

其实每天白天你都应该尽可能地打个盹，或者至少在周末睡个懒觉。没有充足的休息，你很难在那些本应快乐的生命时光里体会快乐。当然，休息的时候你可能要少做很多事情，但是充分的休息比洗盘子、洗杯子更重要。

九是为孩子花太多的钱。事实证明，你应该合理计划适度开支。

所有人都会告诉你，孩子会改变你的生活。但是没有人告诉你，孩子会让你的钱袋日渐萎缩，你恨不能为孩子倾其所有，而且无怨无悔。就像你饿的时候会跑到食品店一样，购物对于新爸爸、新妈妈来讲好像可以不用算计。据估计，孩子第一年的尿布、衣服、食品、学步车等物品会花掉1万5千元左右。所以列一个表格会减少你的超额开支。找有经验的父母和你一起买东西，她也会告诉你什么是真正有用的，你也可以少上当。

别在孩子的衣服上太费心，因为孩子一晃就长大了。玩具也是一样，

大多数婴儿更喜欢对同一件东西玩来玩去，甚至一个盒子就够她玩一阵子了。你不如把省下来的钱用来让她上钢琴课或者上大学。

十是总觉得自己会记得孩子成长的所有过程。建议你最好通过日记、留影等保留记忆。

你觉得孩子成长的每一个阶段都不会忘记，但遗憾的是随着时间的流逝，记忆会渐渐淡去。很快，孩子的童年就会过去，一个18个月大孩子的母亲看到一个新生儿的时候也会说，她已经忘记了她孩子这个时候是什么样子的，因为你关注的是她的现在。

有很多办法可以保留住孩子的成长纪录，记日记、拍照片、拍摄一些孩子每天简单的生活场景。很多年以后，你还可以重新体味今天的生活。

## "妈妈"也能成为一种职业优势

女人做了妈妈，可谓是人生的一大飞跃，会更加有责任心，更宽容，更容易沟通，情绪也更稳定，这种种的优点足以让人从容面对很多困难，是人生不可多得的财富，职场妈妈为何不把这些也作为职业上的财富，来获取事业的顺利发展呢？

沈艳以前是学幼师专业的，但毕业后改行做了秘书。生完孩子后，她对自己学到的知识更有感觉了，于是应聘到一家亲子园做辅导老师。上班时面对一个班的学生，不断地研究他们、引导他们，回家后同样也是老师，只不过学生是自己的女儿。有时候女儿的表现同亲子园里一些小朋友很相似，于是在家里适用的方法到亲子园里也同样奏效，这样一来，做妈妈的切身体会使她在课程设计和工作方式上更了解和熟悉宝贝们的需求，课上课下相得益彰。

沈艳说，还有一点，她意想不到的收获，那就是与客户妈妈的交流。同为妈妈，沈艳能够明确地知道她们的需求，理解她们的感受，这使她与很多客户妈妈成了好朋友，可以很轻松地交流。所以沈艳的一些教学尝试都得到了妈妈们的大力支持，使工作取得了很大进展。另外，在工作中积累的经验也可以拿回家里用，女儿沐浴在妈妈智慧的教育中，难怪很多朋友说，沈艳的女儿好幸运呀，有这么一个懂教育的妈妈，将来一定会有很好的发展。

沈艳做了妈妈以后可以说在工作上找到了优势。因为国内有很多亲子机构的创立者就是自己做了妈妈，才发现还有这样一个大有潜力的市场，才决定进入这一行业，并且最终做得很成功。这些机构里的老师也大多是妈妈，这使她们更有爱心地去工作。这一事实足以说明，做了妈妈的女人走出家门，最起码可以从事与孩子有关的职业，可以像沈艳一样去亲子园，也可以到以孩子为主要对象的网站、杂志或者其他机构工作，这些单位一定很重视你的"妈妈"经历，在这里，"妈妈"是一种资本，如果你再有一些专业知识，一定会发展得很好。

生活中这样的事例数不胜数，如果你对妈妈也能发挥职业优势仍然存在怀疑的话，那下面的这个例子或许能打消你的这些顾虑。

张秋华生孩子前一直做销售，业绩还不错。但当她生完孩子回到工作岗位上时，发现自己再也无法适应这份工作了，经常性的出差几乎让儿子忘了妈妈，照顾儿子就更加是痴心妄想。

当她正在不知如何是好的时候，由她负责销售给客户的机器设备出了问题，客户服务部的同事与客户吵得一塌糊涂，甚至决定要对簿公堂。张秋华由于与对方的经理比较熟，被委托做最后的沟通，没想到张秋华仔细听完客户的申诉，并用极大的耐心分析解释后，客户居然同意可以进一步协调解决，但条件是只与张秋华谈，因为她比较好沟通。这件事给了张秋华一个契机，后来她申请正式调入客服部，专门解决客户与公司的矛盾与

分歧。这份工作非常适合现在的她,可以不用再为出差发愁了,每天都能见到儿子让她在公司里总是神采飞扬的。

就如同大多数人所认为的那样,做了妈妈,在职场上固然有不利的一面,但是她们会更宽容,更能够理解对方,并且有极大的耐心,这些特点一定适合某些工作。张秋华虽然是无意中发现自己的潜质的,但这确实为重返职场的妈妈提供了一个思路,可以尝试一下适合妈妈做的职位,这会让自己更得心应手。

妈妈们重返职场,是一个智慧的选择过程,需要审时度势权衡再三,但有一点千万不要忘记——发挥作为妈妈的优势,使它成为职业的推动力。只要认真思考过,这样的机会一定会有。

## 巧走平衡木,孩子工作两头顾

对于很多职场女性来说,晋级为"妈妈"既是一件让人兴奋的事情,又带来诸多的忧虑和困惑。刚刚生完孩子的新妈妈怎样寻找工作与孩子之间的平衡?当职场精英还是做称职母亲,新妈妈就像走在跷跷板上,怎样平衡才能两头兼顾?养育好孩子,维持一个幸福的家庭,又要努力干好工作,这大概是产假结束重返职场的新妈妈们都想实现的愿望,慢慢地,我们会发现这很难。但是,做妈妈又做职业女性,中间一定有条路,可以让我们把两边的风景都能看到。

有些女人既是职场成功人士,又是优秀孩子的母亲,凭着理性和智慧,在工作和孩子中找到了双赢之道。这条双赢之道就是:家庭、工作、孩子一个都不能少!

据心理咨询师介绍，在心理上，新妈妈和小孩子最初分离确实是很痛苦的。不少新妈妈在产假结束上班一段时间后，都渐渐发现，很多时候并不是孩子离不开妈妈，而是妈妈离不开孩子。孩子是敏感的，他会体会到母亲的焦虑和恋恋不舍。于是妈妈每次上班的时候，孩子会哭得特别厉害，而过后妈妈往家里打电话就会发现，妈妈一走，孩子就没事了，又开心地玩起来了。新妈妈应该做的是尽量缩小而不是放大这种痛苦，需要新妈妈上班时是职员，下班后是妈妈。

对重返职场的妈妈来说，心理上的自我调试很重要，要用理智说服自己。如果根据自己的家庭情况和自身的发展要求必须工作，那么，妈妈就必须要狠狠心，让自己上班的时候就是一个职员，下班以后才是妈妈。做妈妈是生活中新增加的一个内容，那么，不要靠牺牲别的来给它让出空间，而是应该创造出一个更大的空间给它。

新妈妈们重返职场以后，自己的工作会驶入慢车道。我们必须接受这一现实，也需要给自己重新定位。因为孩子必须占据我们相当多的时间和精力，如果我们对自己要求过高，势必会产生很大的焦虑，身体和心理上的压力都会过大，这无论对我们的家庭、我们自己还是我们的工作，都是很不利的。放松一些，对自己好一些，你可能会做得更好。

宽容对待岗位变化是妈妈们重回职场时首先要学会的功课。除了客观因素，社会普遍认为生完小孩的女性大多心思都在孩子身上，一般也不敢委以重任，这当然会让妈妈感到失落。但不妨换一种角度来思考问题，视人事变动为正常现象，放下架子，把自己当作新人，相信只要是金子总会发光的道理。这样更有利于学习新知识，尽快适应新环境。

新妈妈不要认为自己年纪大了、脱离社会久了就缺乏竞争力，要重新调理好心态，认识到自己拥有其他年轻女性所不及的优势。

比如对孩子的牵挂照顾在一定程度上使工作效率提高了，无论工作还是家务，处理起来更加麻利爽快，不知不觉让你变得比别人更加勤快。

产后，身体和心理产生的变化提高了自己的敏感度，学会了考虑别人的感受，懂得换位思考，人际关系上升，自信也会随之回来，有了自信就预示着整个工作过程会进行得很成功，促使自己加倍努力工作。

职场的妈妈要重新把自己当作新人，学习、工作同时进行，不要把别人的提议看成是对自己的指责。事实上，孩子只要身体好，具备基本的心理素质就OK了。每个人都有自己的生活，不要把希望全部寄托到孩子身上。孩子只是生活的一部分。

学会转换思考角色，不要在上班时将心思放在孩子上，甚至在办公桌上摆满了孩子的照片，让同事觉得你因为家庭而屏蔽了工作状态，从而对你产生不满。新妈妈应该在公司集中精力做好自己的本分工作。下班了，就更不能把工作情绪带到到家里，要做到公私分明。

## 职场妈妈的时间管理之道

有孩子，还有工作，每天奋斗于公司和家之间，如果问每一个职场妈妈最缺少的是什么，她们一定会说："时间。"很多妈妈经常抱怨时间真的很不够用，但还有很多职场妈妈把生活安排得井井有条，在工作与孩子之间成功制造了一个均衡时间表，让两者能够和谐共存。

### & "时间生长"的两个充分理由

#### 时间具有很大的延展性

事实上时间是一种资源，我们可以对它进行有效地管理和利用，使它发挥最大的效率。有个实验：往装满了水的杯子里扔硬币，每扔一个硬币水好像都要溢出来了,但这种情况迟迟没有出现,直至扔进一百多个硬币,已经看到水面呈向上拱的圆弧状,非常饱满,但水仍未溢出杯子。这是由于水有张力,而时间就像这杯水,有很大的延展性,只要我们有技巧地向里面添加内容,它就会具备很大的"生长空间"。

### 人在压力面前的能量是巨大的

常听说有某某朋友连自己都照顾不好,真不知道她有了孩子以后怎么办,可是她真的有了孩子也一样过得不错。张宁是一家电脑公司的人力资源总监,孩子是不期而至的,她一点准备和安排都没有,当时她的状况是:生活中有刚出生的孩子每天晚上都会哭几次,一个好觉都睡不成;工作上公司让她牵头做一个新的人力资源管理系统;更添乱的是不能再推迟的注册会计师考试又在不远处等着她。面对这重重压力,她居然用管理学的种种理念将时间运筹帷幄,一个个都给顶过去了,孩子的睡眠越来越好了,人力资源管理系统建成了,考试虽然没取得特别好的成绩但总算过关了,以至于每一个朋友见到她都会慨叹——人的潜力是无穷的。

## 让"时间生长"的战略原则

### 将时间分配到生活的每一个方面

做了妈妈,生活中多了照顾孩子这一重要内容,家庭能以更强有力的姿态与事业分庭抗礼;作为职业女性在工作上也不能有丝毫的松懈;30岁左右的身体也是必须抽出时间来"照顾"的对象,妈妈们一定需要花些时间来均衡各种活动时间的分配,让自己过得充实没有遗憾。

### 用有限的时间去做最重要的事

把80%的时间投入到20%最重要的事当中去,自己则可集中精力干自己最擅长、最重要的事情。最简单的方法是列出自己要做的所有事情,将它分成事业、家庭、健康、社会交往四类,并列出这四类中最重要的事情,将时间分给这些事情,其余不重要的事情把它分流出去。这样就不会发生

为了给孩子买一袋奶粉而忘记开一个重要会议,也不会因为接一个老客户的问候电话而耽搁了带孩子体检的时间。

### 制定计划是最有利的实施手段

只有将自己要做的事情都写下来,安排好先后顺序才能有条不紊地安排每天的生活。"时间生长"战术技巧20条:

(1)舍得花时间制定切实可行的计划,并养成执行计划的好习惯。

(2)按事情的轻重缓急制定计划,重要的事情先行。

(3)将时间单位缩小,以一刻钟为一个单位,这样会让你减少浪费时间的概率,同时也会将零散时间利用上。

(4)上班的时间做到尽量不要想家里的事,在家里与孩子游戏时也尽量不要想工作的事,专时专用会提高效率。

(5)一周抽出一点时间将办公室和婴儿房里的东西都整理一下,以利于下周能有条不紊地继续战斗。

(6)如有可能一定请保姆或父母帮忙照看孩子。

(7)减少聊天的时间,但应该定时参加妈妈俱乐部以交流育儿经验。

(8)不要做一个过分热心的人,因为你没有时间处理太多的事情。

(9)请小时工来分担家务,每周可以节省十几个小时陪孩子或者处理重要的工作。

(10)学会发挥每一个家电设备的作用,让它们为提高效率做贡献。

(11)利用等车、坐车等零散的时间给自己一点放松的机会,如听喜欢的音乐。

(12)将生活和工作中所用的物品放在固定的地方,这样会节省四处找东西的时间。

(13)学会委婉拒绝,避免因不必要的事浪费时间和精力。

(14)请老公一起承担家里的责任和义务,发挥爸爸在育儿当中的重要作用。

（15）培养孩子良好的生活习惯，他的按时作息决定着你计划完成的程度。

（16）一定要将一件事情做完再开始另外一件事情，不能每件事情只做一点。

（17）在工作中不主动承担过于琐碎且无关紧要的事务。

（18）可以将孩子带到朋友的聚会上，这样既不耽误与朋友的聚会又能够让宝贝多见见世面。

（19）与宝贝一起游戏的时候不妨给自己设计一些锻炼身体的动作，让一段时间承担两种功能。

（20）无论工作和生活有多忙，每周都应抽出时间锻炼身体，健康的身体是工作和生活的前提条件。

# 第四章

## 亲子时间少，
## 用心利用每一秒

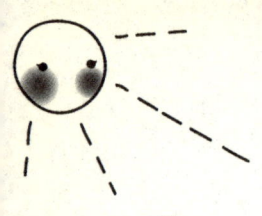

## 孩子与工作，职场妈妈争分夺秒

根据调查，大部分的职场妈妈每天花在照顾小孩和煮饭擦地等料理家务的时间，超过三个半小时。难怪每个职场妈妈会像陀螺一样转个不停，牺牲了自我，生活依旧乱糟糟。在美国，甚至出现了专门为上班族父母调整生活步调的专职咨询师，随时为混乱的家庭生活，提供即时服务。

心理医师分析，夫妻其中一方若为家庭过度牺牲与忍耐，婚姻的不稳定度便会提高。上班族妈妈得重新安排生活的优先顺序，配合有效的时间管理，才是通往幸福生活的关键。

那么职业女性下班后，要怎样在不抓狂的情况下，还能保有愉悦的心情轻松做家事、全心全意陪孩子？让我们听听专家的建议吧。

### ❤ 找回时间、远离"时间小偷"

掌握生活控制权的第一步，是追踪你的时间并找出问题所在。纪录自己怎么利用每天的24小时，以半小时为单位，大小事都记下分析。

### ❤ 减少要做的事、选定优先顺序

日本畅销作家胜间和代在独力扶养三个孩子的同时，陆续取得日本中小企业学位与商管硕士的资格，还能维持每周健身和修指甲的习惯。她在《年收入增加10倍的时间投资法》中分析，人会愈来愈忙是因为没有减少要做的事情，决定不做比决定要做更加重要。现代父母应该依序照顾好自己、另一半以及子女，因为在爸妈互相关爱的环境中，孩子最容易成长，也过得最快乐。

### ❧ 善用时间账簿、并记下目的

选择自己上手的行事历或记事本，有意识地记下每件待完成事项的目标，依照目标随时修正行动。

### ❧ 学会有效管理时间

一日之计在于夜。睡前把大人、小孩隔天的衣服拿出来，并削好隔天打鲜果汁的多种水果，让分秒必争的疯狂早晨归于平静。

家务分工不手痒。让先生、孩子参与家务，千万别为了省时间、怕不干净或看不下去，自己全部揽下来做。

借网络与电话省时间。用网购、电话买东西或寻求服务。申请网络银行缴款，省去跑银行以及购物时间。省时有时比省钱更重要。

购买功能强大的厨房用品。好的烤箱和食物调理机是妈妈的好帮手，让烹调变简单且省下惊人的时间。

严格遵守作息。建立孩子作息时间表，必须让他们清楚什么是必须做的、应该做的和想要做的，适时说"不"并赏罚分明，可免去累翻自己又没效率的混乱生活。

随手整理与淘汰杂物。起床后马上铺床，东西用完马上归位，定时淘汰不必要的物品。

请钟点女工帮忙打扫。许多职业女性都雇钟点女工来维持家里清洁。

规划孩子专属区。专属区里不放贵重物品，购买表面容易清洗的家具，可省去每天不优雅地大喊上千遍"不可以"。

## 亲子时间,重在"内容"

职业女性一旦成为妈妈,生活节奏就会快许多。如何在事业与妈妈角色之间找到一个平衡点呢?最重要的是妈妈本身对亲子时间"内容"的把握。

### & 闲谈时间

与孩子随意交谈,重点在于倾听孩子的声音:他今天在幼儿园里都做了些什么事,和哪个小朋友一起玩、玩得是否开心,有什么有趣的事或让人不开心的事,喜欢谁、讨厌谁、谁的表现最特别、谁穿的衣服好看等,都可以谈论。"闲谈"最重要的是尽可能少发表意见或评价,少指导、建议,尤其不能批评。也不要对孩子的观点加以评论,你的重点是感受他的经历,把孩子当作一个"大人",他应该有他的思想,他的感受和他的标准,虽然某些想法很幼稚,甚至是错误的。你可以引导,但首先要让孩子把他的想法表达出来,而不是让他说出你认为是正确的——要做到这一点,你就必须先对你的孩子洗耳恭听。

"倾听"的目的不仅在于了解孩子,更在于你给了孩子一个机会:一个学习自我表达、整理思想或情绪、自我反省、自我修复的机会。年轻父母应注意把握。

### & 亲吻时间

孩子与成人一样需要爱,需要知道有人爱他、有人关心他、在乎他。

爱使孩子产生自我价值感，这是孩子自信心、自尊心发展的基础。几乎所有的父母都爱自己的孩子，可是我们有意识地表达爱的行为并不多。我们亲孩子、抱孩子，抚摸他的小脸，多数情况下是因为我们太爱他们而"情不自禁"这样做了。当孩子长大一点的时候，我们虽仍然如此爱他们，可是出于种种原因，我们会以另一种越来越含蓄、越来越隐藏的方式来表达我们的感情。在孩子3岁以后，亲子间这种亲密行为可能就开始减少。实际上，孩子是非常感性的，他们需要亲密的肌肤接触，需要用实际行动来证明、来感受你爱他、他爱你。心理学的研究表明，孩子有强烈的情感需要和追求肌肤刺激的需要，只有满足了这些需要，孩子才可能获得安全感，才可能开心，才可能乐于接受你的引导或教育，才可能健康地发展。你对孩子表示爱的行为，就能满足孩子的这些需要。

国外有一个心理学家为了满足他的孩子们的这些需要，在家中设定了一个"装满爱之杯"的活动，他时时询问他的孩子们，他们的爱之杯有多满，如果他们说"只有一点点"，他就亲他们的脸蛋直至他们说"满了"。他用这种方法，使他的孩子们每天都很开心，也使他的教育更容易进行，使孩子们更大胆、更开放、更健康。

### & 游戏时间

看孩子玩，欣赏他的游戏作品，找出其中有特色、你非常欣赏的地方。你也可以和他一起玩，与孩子合作一起完成一件"杰出的"作品。

但你一定要记住，玩是孩子自发的行为，是为获得快乐的，是不必接受社会评价的。你不要把你的建议、意见或指导反映出来："把这块积木放在这"、"这里应该是红色"等等，这些都是你的想法，不是孩子的，游戏的主角是孩子，不是你。还有一种游戏对孩子的发展非常有益，那就是和孩子玩"打闹游戏"。游戏中，孩子总是胜利者，而你，扮演一个"魔鬼"、一个"坏人"、一个"笨警察"、或者是个"大肥猫"，而且不管

你多强壮,最后你总是会"输"给孩子,被他打败、被他制服、被他耍弄。在大多数情况下,你在孩子面前总是很高大,虽然你可能会蹲下身来和孩子讲话,但你就是比孩子强大,他要依赖你。所以,在你和孩子的关系中,你多数时候都处于强势,而你的孩子无可争辩地处于弱势地位,即使你的孩子已了解了掌控你的方法(如他知道他的哭声对你有无穷大的控制力)。在这类游戏中,让你的孩子处于强势,让他感到自己的力量,自己对局势的控制、对别人的控制和由此产生的自豪感——心理学家称之为"自我效能感",这对孩子的自尊心、自信心发展非常有利。

### & 情绪辅导时间

情绪的成熟是心理成熟的重要内容,也是心理健康的重要指标和保证。情绪能力的发展包括认识自己情绪的能力、控制自己情绪的能力、表达自己情绪的能力、理解和认识别人情绪的能力、维持良好的人际关系的能力。在这五种能力中,认识自己情绪的能力是最基本的,也是其他能力发展的基础。所以,在和孩子的相处中,父母应经常有意识地留出对孩子进行情绪辅导的时间:"你今天好像不开心"、"你感到很沮丧"、"你的小金鱼死了你很伤心"、"今天幼儿园迟到了你感到很不好意思"、"比赛没拿到名次你很羞愧"等,帮助孩子整理自己的情绪,对每种情绪给一个标签,告诉他这是什么情绪,它会让你有什么感觉(如生气让你想打人或摔东西),当时孩子是如何处理的,处理的效果如何,还有什么处理方法、可能的结果如何等。在这样的交流中,孩子感受到父母对他的理解和接纳,也有机会对自己的情绪进行整理、反思,并积累了在以后的生活中处理情绪问题的经验。

研究表明,对孩子进行情绪辅导的父母,他们的孩子更成熟,更大胆,更合作,更独立,也更具有耐挫能力。

## 💕 亲子共读时间

电子技术的发展使得越来越多的电子保姆代替了母亲。电视、VCD中有可爱的卡通人物和情节简单、适合孩子口味的剧情足以吸引孩子的眼球，使母亲在做家务或在家工作时不会有个"小讨厌"一直让你无法安心做事。最近的研究却发现，卡通片、游戏性的知识软件在教孩子知识、给孩子乐趣的同时，也阻碍了孩子阅读能力和抽象思维能力的发展。由于孩子已习惯于视觉形象的刺激和借此进行的形象思维，他们对抽象的符号、对语言文字等都不感兴趣，更不喜欢阅读，这不利于孩子进入学校的学习适应。

另一方面，这些电子保姆可能也会剥夺孩子与父母亲密交往互动的机会，它可能会使孩子沉溺于虚拟的卡通世界中，在与卡通人物"交往"中完成他的社会化过程，他可能会逐渐有意无意地模仿卡通明星们特有的行为模式和行为规则，这在很大程度上会影响他们适应社会的能力。

孩子获取知识、发展创造力的最好途径，不是电子保姆，而是书籍。对学前孩子来说，因为他们可能识字不多（没必要强求孩子识字），母亲每天至少应花一小时的时间陪孩子阅读，让孩子感受阅读的乐趣，感受文字的魅力，并逐渐形成良好的阅读习惯和学习习惯，而在这个过程中的另一个收获就是亲子关系的发展。

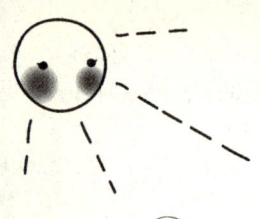

## 职场妈妈亲子互动,用心铸造高品质生活

照顾孩子与完成工作是职业妈妈经常要面对的一对矛盾问题。从心里讲,妈妈们想多与孩子亲近、交流,可因为工作,又只能花有限的时间。如何在有限的时间里,与孩子有一个高质量的交流呢?

(1)请放松下来,将与孩子的交流看作是生活的乐趣,而不是一种负担吧!不要将与孩子之间的亲子沟通安排成工作表(如:今天做什么、明天做什么……),好像每天都必须做些什么才叫"沟通"。人都需要休息,工作后的你,也同样。所以,与孩子交流之前,在心态上,您应该是一个放松的、乐意交流的妈妈,而不是一个刚刚从拥挤的公交车下来、匆匆忙忙赶回家的疲惫的妈妈。就这一点,建议您在回家的路上,或者进门之前,或者要见到孩子时,做以下的想象:

①想象一个足以让自己心情愉快、放松的情境,或者一些美好、舒服的词汇,比如:暖暖的阳光,开心的野餐,温馨的灯光,甜甜的笑容……

②在头脑中闪现孩子的"可爱",比如:胖乎乎的小脸,脆生生的声音(尤其是叫"妈妈"的时候),玩耍的模样,滑稽的怪相,还有好多可爱的"第一次"。

③想象你与孩子在一起的欢乐时光,游戏、读书、洗澡、玩水、学步……相信这些"想象"足以给孩子一个"好状态"的妈妈!这就像"接力跑"中的那段"接棒区",是一个助跑、转接与加速的区段。工作一天的你,可能已经累了,而如果能有这样的一段"心理接棒区",将能使你从工

作的"后遗症"中解放出来，给自己一个即将见到孩子的"幸福期待"，也将激活你发自内心的母性的爱与灵感。

其实，与孩子如何相处的技巧没有谁能真正教你，因为你的孩子是独一无二的，而他所期待的也是一个特有的妈妈。不要迷信所谓的"育儿技巧"，当你放松下来时，你就有了育儿的本能——

"儿子，过来，让妈妈亲一下！"

"好儿子，妈妈回来了，来亲妈妈一下！"

"儿子，妈妈好想你啊！快过来让我抱一抱！"

……

正如你意识到的，亲子之间情感的交流与沟通才是最重要的！

什么是"交流"？一种自然而然的接触——一个眼神、一个动作、一句短短的问候，一个亲热的吻……什么是"沟通"？彼此心灵上的默契——会心一笑、眼睛一亮、拉拉手、点点头……

这些需要多少时间呢？真正需要的是一种放松又快乐的心态！所以，建议你多留意生活里的美妙时刻，让点点滴滴汇集在"记忆"中，以便"想象"提取。即使在工作，偶得空闲，不也可自娱自乐？

（2）弄明白孩子真正需要什么。现在有很多关于亲子交流的书籍，各种活动、训练、游戏目不暇接，搞得个个父母看了都觉得"不称职"！

"我没有那么多时间给孩子讲故事！"

"我从没有陪孩子搭过积木！"

"这些家庭游戏，我们似乎都没有玩过！"

而且越看越觉得焦虑，好像父母不给孩子读故事、不训练孩子、不与孩子做游戏，孩子就可能不健康，就可能影响某种"商"（如"智商"、"情商"）的发展。于是，父母心理压力很大，既怕"少交流"，又怕"错交流"，无所适从。结果把最重要的都忘了——我的孩子到底需要什么，我的孩子需要我们做些什么呢？

所以，在您走入家门前，请不要像去超市购物似的，列一张清单：先做什么，然后做什么，最后做什么！如果这样，结果多数是——

"我的孩子注意力很难集中，刚看了两页书就不行了！"

"他根本就不爱听故事！"

"我说什么，他总是不听，总要我按他说的做！"

……

我们很难回忆起3岁前我们自己是怎样需要父母的，所以要真正弄明白现在的孩子需要什么的确很难，那么就先放下我们的育儿理论与技巧，听听孩子们的声音吧——

"妈妈，我今天搭了一个好高好高的楼房！"

"爸爸，我想听故事！"

"妈妈，抱抱！"

"哇……哇……"

声音、动作、姿势、语言、表情足以表达孩子的需要，只要你肯仔细听、欣赏地、带着好奇地听。当然，你可以提出你的设想或建议，"孩子，想不想听妈妈讲故事啊？""妈妈今天给你带来了一本很好看的书，想不想看啊？""强扭的瓜不甜！"所以，交流以自愿为原则，如果孩子喜欢先搭积木、再听故事，为什么非得按你想的先听故事、再搭积木？如果你是在有意识地教孩子什么，就更要懂得如何"吸引孩子"了！

（3）充分调动家庭资源。孩子不是妈妈一个的，所以不管是照料孩子，还是教育孩子，都是家庭共同的权利与责任。因此，如果巧妙地让所有家庭成员都积极地来关心孩子，不但你轻松了，而且安排更合理。不是吗，家庭成员间的彼此矛盾、吵吵闹闹，经常会成为孩子模仿的榜样，钻空子的借口？我们经常可以听到这样的相互抱怨——

"真怕老人把孩子宠坏了！"

"孩子这么小，你们就让他学这、学那！"

"这孩子就因为小时候爷爷奶奶太宠着,所以才这么任性!"

"自己还没长大,懂什么带孩子?"

其实,如果换一个角度,老人自然有"隔代亲",但也有经验;年轻人自然少些"经验",但又比较"现代"而有精力。所以,如果老人和父母相互能取长补短,彼此信任,在必要的行事规则上达成一致,这将最利于孩子发展。比如,你的孩子正是语言发展的敏感期,只要周围有充分的语言环境,包括"说"与"听",都会促进孩子的发展。所以,你只要让孩子的奶奶平时多与孩子说,并多鼓励孩子说,而你工作之余陪孩子多做些小游戏、讲点故事,另外不要忘了还有孩子的爸爸,他也是孩子成长中具有影响力的重要人物,至少可以让他与孩子多做些更需体力的运动,孩子成长,人人有责!这样不是更好?

总之,有质量的亲子时间是一段放松、愉快、相互合作与交流的时间!

## 上班前后职场妈妈育儿小窍门

白天上班,晚上回家才能见到小宝贝,这是所有职场妈妈的心结。尤其是一想到"分离焦虑"、"亲子依恋"这些名词儿,妈妈们就感觉无法忍受!可是,社会就是如此,它也同样需要女性的工作来推动发展,家庭更是如此,它需要妈妈获得一定的收入来支撑。那么,不要埋怨了,还是找些小窍门来化解烦恼吧,虽然不能一天到晚地陪伴孩子,注视孩子的一举一动,但完全可以利用下面的小窍门来更好地照顾孩子,让孩子感受到母爱无处不在。

## 🐍 上班前的育儿小窍门

### 肌肤之亲很重要

上班前和孩子亲密接触，对他和您一天的心情都很有好处。方法有很多种，可以用手指轻刮一下孩子脸颊，可以对着孩子学猫叫，也可把能发声的玩具对着孩子耳朵将其叫醒。给孩子穿衣服时，可在其腋下或背部挠几下，使孩子体会到乐趣。肌肤之亲是让小孩子感觉到妈妈关爱的最好途径。

### 妈妈孩子互相喂饭

孩子能吃饭或能吃断奶食品的话，妈妈可将饭盛到勺子里喂给孩子吃，同时鼓励孩子喂给妈妈吃，这种喂饭游戏是十分温馨的，还锻炼了孩子的各种能力，初步培养了孝心。

### 说"再见"时抱起孩子

孩子知道妈妈要上班去了，会多么伤心啊！妈妈要抱抱孩子，对孩子说"再见"。即便是孩子听不懂，也要给他讲明白妈妈离开的理由："妈妈要去上班了，如果孩子好好玩，好好吃饭，妈妈很快就回来啦！"

很多妈妈为了避免孩子的纠缠而偷偷离开，这种做法是绝对禁止的。因为孩子会一整天找妈妈，会因见不到妈妈而心神不宁、注意力不能集中。这种做法持续下去会使孩子形成整日找妈妈的习惯，再见到妈妈更是一刻也离不开了。妈妈应让孩子接受妈妈要离开的事实。

## 🐍 下班后的育儿小窍门

### 大声喊着孩子的名字进门

妈妈下班回来后，一边喊着孩子名字一边进门。即使孩子在睡觉也没有关系。孩子跑出来（或由看护人抱出来）迎接妈妈的话，妈妈要捏捏孩子的脸蛋，抱抱他，通过肌肤之亲来让他体会到妈妈的存在。

### 和孩子一起洗澡、做游戏

如果孩子超过2岁了,就可以和孩子一起洗澡了,在水里尽情玩耍。如果孩子太小,可以在帮他洗完后给他按摩。通常孩子会乐得咯咯笑的!

### 和孩子一起听音乐、跳舞

虽然你可能不会唱歌不会跳舞,但只要和孩子一起随着音乐一起哼哼,一起扭动肢体就可以了。同时拉起孩子的小手,并与孩子目光相对,传递你的爱。

### 睡前故事的威力

在孩子睡前给他讲故事,这绝对是对白天不能陪伴孩子的最好补偿!还可以给孩子唱催眠曲,让孩子在这种安静舒适的氛围中进入梦乡。

## 丰富精彩,与孩子共度周末好时光

### 带孩子去游乐场

如果天天去游乐场,任何人都会觉得索然无味。若偶尔为之或有规律地去游玩,比如每个月的第一个周末去,孩子就会觉得十分向往。全家人一起去游乐场游玩,对孩子来说是十分有趣的事。最开心的就是左手牵着妈妈,右手牵着爸爸,当宝贝的感觉真好!

### 去市场

妈妈经常要赶在周末把一周的食品和用品购买齐全。您若去市场,不妨带着孩子一起去,请他和您一起挑选物品,一起付钱,并一起回家整理购买的东西。在这个过程中,可以教给孩子最基础的人际社会交往,让孩

子感受到自己是家庭中的一员。

### ❧ 用枕头"打架"

和孩子一起玩有点"竞技"性质的游戏会让孩子有成就感。试过用枕头"打架"吗？如果周末天气不好，或孩子太小，在一觉醒来后若没有工作安排，最好能和孩子多赖在床上一会儿，把枕头扔向对方，同时翻滚着身体躲避枕头"弹药"。这游戏能锻炼孩子的手眼反应能力和肌肉强度，并常常让孩子乐得气喘吁吁。

### ❧ 和孩子一块整理衣服、干家务

很多职场妈妈经常抱怨到了周末必须完成大堆的家务劳动。此时，您不要急于洗完脏衣服就把孩子一个人放在一边不管不问。即使您干家务活也要和孩子说说话，聊聊天。整理衣服时可以请孩子在一边帮忙，还可以教孩子一起叠衣服。让孩子感觉和妈妈在一起十分温馨。

### ❧ 和孩子一起做饭

平时的饭菜也许凑合一下就可以了，到了周末可不行！给孩子准备特殊的周末大餐吧。如果孩子2岁多了，就可让他一起来参与做饭了，可请他说出自己喜欢吃什么，并一起准备，或把部分材料当作玩具给他玩。比如，做刀削面时可以把面撕下来一点给孩子，让他拿着面团尽情地摆弄出各种样子。

虽然你上班后与孩子相处的时间少了，但你不必为此而歉疚，你照样可以做合格的妈妈。孩子对你的感情并不取决于你们相处的时间长短，而在于质量，也就是说，让孩子跟你在有限的时间里享受无限的快乐，一个小时的快乐时光胜过四个小时的漠然相处。离别让孩子知道期待，增加孩子的情感发育。做到以上几点，你大可专心工作，不要太在意孩子，他会健康地长大。

## 随时随地的亲子游戏与学习

职场妈妈常常有忙不完的工作与家务,没有更多时间陪伴孩子做游戏、学习,因此妈妈就要把握与孩子相处的每一分钟,不放过任何有利时机,与孩子做一些简单易行的亲子游戏。

公交车上:每次带孩子坐公交车,不拥挤的时候可以让孩子透过车窗看风景,引导孩子观察路旁的树是否好像在向后跑,然后给孩子讲相对位置;也可以让他观察急刹车时车上的人是不是往前冲,然后趁机讲惯性。车内拥挤时,可以玩组词游戏,文字大接龙,没有一定的规则,随便往下接,组词、造句都行。玩累了可以改换别的游戏,如唱个儿歌提提神。

商场购物:和孩子一起欣赏货架上他感兴趣的东西。引导他随意描述商品的分类、形状、颜色、大小,比较一下价格,告诉他妈妈带了多少钱,哪些东西买得起,哪些买不起,简单的加减运算让孩子在不知不觉中就熟练了,同时还可以锻炼孩子的观察力。

触景生情对古诗:妈妈包里可以永远带着一本适合幼儿阅读的古诗文书,孩子感兴趣时就会和妈妈大对一通,如此一来,不仅陶冶了情操,与孩子的感情也会日益亲近。

走在马路上:妈妈要常给孩子讲红绿灯的常识,讲安全的重要,讲各种交通工具的用途、品牌,或观察路旁的树,是什么树,叶子有什么不同,季节变了,树有什么变化,随手捡一些形状、颜色各异的树叶,回家做幅叶画也颇有情趣呢,或观察路上匆忙的行人,猜测其职业,判断其年

龄，借以锻炼孩子的观察和判断能力。

浴室里：给孩子洗澡，先痛快打打水仗，然后一边搓洗，一边讲身体的奥秘，让他了解各个部位的称呼、各个器官的功能。年龄稍大些，就教孩子英语中"头"、"眼睛"等怎么说，没准有一天，他就会对你说："帮我搓搓Leg（腿）吧，我的Foot（脚）还很脏。"

……

职场妈妈只要用你的爱心去捕捉每个合适的时机，一定会给孩子一个快乐的、轻松的、寓教于乐的而又难忘的童年。

## 用对方式，有限时间提高亲子效率

职业女性一方面要顾及工作，又对孩子白天的生活状况牵肠挂肚，的确比较辛苦。但研究发现，职业女性的孩子，在语言发展、智能和亲子关系上，和全职妈妈的小孩没有明显差别，互动时间少并不表示会存在亲子互动不良的问题，只要用对方式，就算短短的时间，也可以创造好品质的互动。

### ☙ 1岁之前：拥抱与细语

1岁之前的孩子虽然还不会说话，但吸收与学习的能力却像海绵一样。此时，多拥抱与大量对话是亲子互动的不二法门。平时多观察他的肢体动作，当他哭时，试着回应他："你要喝水对不对？"除了能让他学习表达需求外，也让他觉得"妈妈了解我"。

哺乳妈妈虽然需要挤奶，白天请照顾者瓶喂，但是晚上回家就尽量亲自喂，以增加和孩子的亲密感。

### 💕 1~2岁：引导孩子表达

孩子正值学步阶段，陪着他练习走路，在他无法以言语说清时帮他补充。专家提醒，一定要多给孩子拥抱和对话，但此时更应多听，了解孩子想表达的意思，并以具象的字眼回应澄清，问孩子问题，引导他以"好、不好"、"要、不要"等"选择式回答"表达想法。

### 💕 2~4岁：鼓励孩子做决定

此时孩子开始寻求自立与自主，有时甚至会不想被拥抱，妈妈不妨试着以更平等的方式与孩子对话甚至是以"意识会谈"的方式，引导他分享想法，有时还能适时让他做决定，例如问他："我们今天下午要出去玩，你想要去哪里呢？"

即使和孩子的互动时间真的有限，但是只要用心，再敏感的孩子会很容易接收到你的爱！

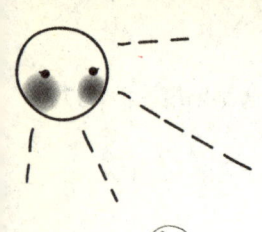

## 利用通讯工具，每天与孩子通话

上班时抽时间打电话确实不太容易，如果被上司或同事发现，自己会非常尴尬。尽管如此，只要用心安排，事情也并不像想象中那么难办，我们只需利用去卫生间或午饭后喝咖啡的时间，给孩子打电话就可以了。

与孩子通电话是为了使他们感觉到父母虽然工作在外，但他们的心却一直与自己连在一起。即便只是一次非常短暂的通话，妈妈也能从中了解到孩子当前的状况、心理以及健康状态，而孩子在确认妈妈的爱之后，孤独与焦躁的情绪便会逐渐平复下来。

但是妈妈们一定要记得，千万不要在电话中提及"去学习班了吗"、"从外面回来后洗手了吗"、"习题都做完了吗"等监视性的话语，也不要用"别惹是生非"、"要听奶奶的话"、"妈妈回家之前把作业做完"等命令式的语气说话，而应亲切地对孩子说"妈妈相信你一定能做好！"借此表扬孩子一天的表现，让孩子感受到妈妈阳光般温暖的亲情。

# 第 五 章

进门之前,请保持微笑,
孩子不是你的"出气筒"

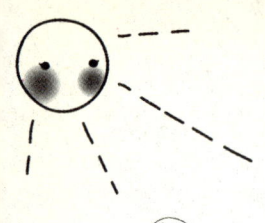

## 妈妈情绪暴躁会阻碍孩子的成长

哈佛经济学教授詹纳斯·科尔耐说："我把人在控制情感上的软弱无力称为奴役。因为一个人为情感所支配，行为便没有自主之权，而受命运的宰割。"哈佛公共政策学教授伊莱恩·凯玛克则说："做自己感情的奴隶比做暴君的奴仆更为不幸。"

每一位妈妈在生活中都会遇到不合自己心意的事，这时候如果不保持冷静，不克制自己的冲动行为，就会为此付出代价。一个具有良好品行的母亲，不应让坏情绪控制自己，而是应该自己去控制坏情绪，成为情绪的主宰者。不要为一点小事而恼羞成怒，不要让精神不振、郁闷等坏情绪直接影响我们的生活和工作，更不要因为自己的坏情绪，影响了孩子的健康成长。

美国教育学博士珍妮特·沃斯所著的《学习的革命》一书中，有这样一段经典的话："如果一个孩子生活在批评之中，他就学会了谴责；如果一个孩子生活在敌意之中，他就学会了争斗；如果一个孩子生活在恐惧之中，他就学会了忧虑；如果一个孩子生活在怜悯之中，他就学会了自责；如果一个孩子生活在讽刺之中，他就学会了害羞；如果一个孩子生活在妒忌之中，他就学会了嫉妒；如果一个孩子生活在耻辱之中，他就学会了负罪感；如果一个孩子生活在鼓励之中，他就学会了自信；如果一个孩子生活在忍耐之中，他就学会了耐心；如果一个孩子生活在表扬之中，他就学会了感激；如果一个孩子生活在接受之中，他就学会了爱；如果一个孩子生活在认可之中,他就学会了自爱……"

希望广大的妈妈们能从这段话中得到点启示。为了孩子的明天,让我们以一种良好的情绪来面对自己的生活,面对孩子的成长。

莎莎是一个胆子很小的姑娘,她从小生活在爷爷奶奶身边,爷爷奶奶对她呵护有加,关爱备至。那时的莎莎性格活泼,常常逗得爷爷奶奶哈哈大笑。

莎莎6岁的时候回到了父母身边生活,妈妈脾气比较暴躁,莎莎在她面前经常吓得什么都不敢说、不敢做。

一天,家里来了客人,妈妈让莎莎给客人倒水,一不小心,茶杯摔在了地上,妈妈当着客人的面劈头盖脸地骂道:"你真是个笨猪!"生性敏感的莎莎羞愧得无地自容,眼泪大滴大滴地往下掉。当天晚上,莎莎做了一个噩梦,梦见妈妈恶狠狠地用眼睛瞪着她,并用手指着她的鼻子大骂。从那以后,莎莎只要看到妈妈就紧张,越紧张越是出错,每当这时,妈妈都毫不留情地对她加以训斥。莎莎最后患了恐惧症,每天晚上都做噩梦,一点风吹草动都紧张得不行。

莎莎的母亲是爱她的,这一点毋庸置疑,但是她无法控制自己的情绪,常常以粗暴的打骂来发泄。生活在这样的家庭中的孩子,他们一般是在父母阴晴不定、时好时坏的情绪中惴惴度日。父母不高兴的时候,可能毫无原因地就对他们大发雷霆,高兴的时候,又可能对他们有求必应。在这样反复无常的生活中,孩子变得敏感多疑,时刻生活在对父母脸色的察觉之中,于是,他们最早学会的是预测父母的态度,在这个察言观色的过程中,他们也学会了犹豫,以此来观察危险信号。

妈妈在家庭生活中的行为,尤其是情绪,会对孩子的心理健康发育产生重要的影响。研究表明,妈妈在家中情绪友善平和,待人接物谦虚礼貌,有助于孩子的心理健康发育;而如果妈妈在家里经常情绪恶劣,则会让孩子经常处于紧张和恐惧之中,对于孩子的心理发育极其不利。

从孩子的心理健康发育角度出发,妈妈在日常家庭生活中要特别注意情绪控制,谨防孩子因自己的不良情绪而影响正常的心理发育。为了孩子的心理健康发育,以下几点情绪控制特别需要注意:

首先,不要在孩子面前抱怨生活或表露颓废的情绪。妈妈是孩子的最大靠山,妈妈对生活的态度直接影响孩子的生活安全感和成长信心。如果妈妈经常在孩子面前抱怨生活,或者经常表露颓废的情绪,会使孩子过早接触到社会或生活方面的压力,会让孩子的心理产生不安全感,对生活怀疑或颓废的态度可能会因此伴随孩子的成长,会让孩子身心过早受到不该承受的压力。因而,特别需要提醒妈妈们的是,无论你暂时遇到多大的困难和挫折,为了孩子的健康发育,请一定不要在孩子面前抱怨生活或表露颓废的情绪。

其次,不要在孩子面前责骂或批评他人。有的妈妈经常毫不避讳地在孩子面前责骂或批评他人,很多妈妈以为,孩子年幼不懂事,在他们面前责骂或批评他人对孩子没有什么影响。事实上,这不仅是一种非常不好的处世方式,更是一种有害于孩子健康成长的不良教育方式。这样的行为会让孩子对妈妈的日常正规教育产生怀疑,也会使孩子因此学会这种不良的处世方式,扭曲孩子的心灵,使孩子的心理健康受到极大的影响。

最后,不要在孩子面前用偏激的语气来表达对事物的看法。有的妈妈性格比较极端,对于事物的看法也比较偏激,往往会在孩子面前无所避讳地发表过激的语言。心理专家认为,妈妈过激的言语和情绪会让孩子的心理也往偏激的方向转化,会让孩子的性格塑造和心理发育产生不良影响。因而,为了孩子的心理健康发育,不要在孩子面前用偏激的语气来表达对事物的看法。

 **不良情绪丢在家门外，孩子不是出气筒**

家是避风的港湾，在家庭中，每一个成员都处于放松的状态。但职场妈妈由于工作本身的压力，常常在回到家后还是无法将工作上的烦心事抛之脑后，如果再加上孩子调皮不听话，她们从工作中带回来的不良情绪便会在这种环境中爆发，甚至将矛头指向孩子。在这种爆发中，最无辜最委屈而且受伤害最大的应该是孩子。

### 现象：妈妈工作压力大情绪失控打儿子

年近30岁的张女士为几天前失手打了儿子而懊恼不已。那天晚上发生的事情，张女士仍历历在目。当天下午在公司里，张女士和客户发生了争执，面对盛气凌人的客户，她实在忍不住与对方在大庭广众之下争吵起来。回家后，她尽量克制自己，希望不要将这种不良情绪带给老公和儿子，在公司发生的事情她只字未提，但随后发生的事情还是将她的火气"点"了起来。

吃晚饭时，老公埋怨菜咸，吃完饭碗也不洗就和儿子玩跳棋。她收拾完家务后，看到家里的玩具丢得到处都是，到了睡觉时间儿子还不愿意去睡，她叫了很多次，儿子像没有听到一样，就是不去睡觉……张女士说自己当时再也忍不住了，想到自己在外面受那么多气都是为了这个家，可儿子一点都不体贴自己，竟然这么不听话，拿着衣架，对着儿子屁股就使劲打了起来，儿子没有见过妈妈发这么大的火，吓得大哭。

平静下来后,想到儿子哭得那么伤心,张女士非常难过,因为自己心里不舒服,却让这种负面情绪影响到家人。

### ❧ 影响:孩子经常受气会困惑焦虑

实际上,不少妈妈都会将不良情绪带给自己的孩子。平时在他们看来孩子身上并没有什么问题,但在妈妈不良情绪的影响下,却被成倍放大;或者孩子稍微有点出格的行为,平时在妈妈也并不在意,此时却被他们无限夸大,就这样,孩子在没有思想准备的情况下成了妈妈的"出气筒",而自己却觉得莫名其妙。

不良情绪会对孩子带来哪些不利影响呢?心理学家指出,人在现实生活中感受不愉快时,产生心理压力是正常的现象。压力大了自然就容易发火,尤其是生活在城市里的人们,愤怒、发脾气这样的情绪是现代人较为普遍的表现。在理想化的状态,妈妈不应该把自己在工作上的情绪带到家庭。因为不理智的行为必然会给孩子心理带来不良影响,甚至会干扰温馨和睦的家庭气氛,这对孩子的性格发展是不利的。假如妈妈长此以往对该情况不关注,那么很容易造成家庭教育中的"蝴蝶效应"。此外,孩子的行为方式在很大程度上会受到影响。从孩子记事开始,对无缘无故发脾气的妈妈,孩子会产生困惑和焦虑的情绪;妈妈反复无常的行为和表现,会让孩子提心吊胆,缺乏安全感。当面对一些性情暴躁的妈妈,有些孩子会因此变得剑拔弩张、咄咄逼人,不但在家里如此,在外面对待其他人也如此;有些孩子则会采取一些相反的策略:变得过度胆小、懦弱、羞怯,而且急于取悦他人,为讨好他人而出现一些偏差行为。

### ❧ 建议:妈妈不应把不良情绪带到家

妈妈有了不良情绪时应该怎么办?应该如何避免将不良情绪带给孩子呢?子女教育中难以有完美的家长,适时的"发脾气"难避免。而家长面对自己的孩子感到压力与烦闷的时候，妈妈应首先从自身寻找发泄情绪的出口，但这个出口并不是孩子，不是把气发到孩子身上就能解决问题。而当妈妈控制不住对孩子发完脾气后，采取事后补救的方法，时间长了这种行为是不可取的。如果妈妈生气需要发泄，可以先让孩子离开一下，等自己稍微平静再回来，这样对孩子对妈妈都好。

如果妈妈确实控制不住对孩子发了脾气，那事后就要及时跟孩子沟通，明确向孩子承认自己的过错，让孩子得到安慰。首先，妈妈要保持平常心，学会换位思考。妈妈在与孩子沟通时学会控制情绪，对孩子的急躁情绪进行冷处理；其次，要认真倾听，试着平心静气地先听完孩子的想法，如果自己做得不对，不逃避问题并主动道歉，往往会得到孩子的理解；再次，妈妈要学会遇事与孩子分享，并就如何行动达成共识。总之，与孩子沟通本身就是一个学习的过程，是妈妈和孩子一起成长的见证，只有在妈妈意识到有效与孩子沟通时，才能真正解决问题。当妈妈和孩子之间的心理互动比较顺畅时，孩子就会感受到更多的关爱，成长也会更加健康。

## 即使工作不愉快，面对孩子也要有阳光心情

工作中谁都会有压力，谁都会因为委屈、挨批而变得不愉快，这也是职场妈妈时常遇到的情绪问题。工作上不顺心，下班后还要照顾孩子，本来心情就够压抑了，再加上孩子偶尔的淘气惹事，妈妈的心情又怎么会愉快呢？

小聪妈妈因为孩子期末考试不好，忍不住对他大发雷霆，先是说孩子不用功，一步一步延伸到他的毛病都是得自他爸爸的遗传，再诉说到这些年来养育他多么不易。如此持续了一个多小时，小聪的情绪从考砸了的歉

疚自责,慢慢转为痛苦厌烦,最终化成对妈妈的不满。

虽然,孩子并没有当场顶嘴反抗,但不接受妈妈批评的表情渐渐挂上满是泪痕的小脸儿。小聪妈妈见自己苦口婆心非但没起作用,孩子反而更加过分,一点儿羞愧的感觉都没有了。一瞬间,小聪妈妈失去控制,委屈地大吵大嚷起来。

这样的情况反复多次,小聪学习更加不用心,甚至开始逃学。小聪妈妈伤心失望之下情绪更加低落易怒,与孩子的冲突逐步升级,直到有一天互相推搡起来。

其实,问题的关键点并不在孩子身上,而是在妈妈的心态上。如果不是工作中压力过大,孩子偶尔犯错她定不会这样反应强烈。真正导致妈妈教育失误的,不是孩子淘气不听话,而是妈妈没有管理好自己的情绪。

动不动就在孩子面前说自己上班压力如何如何大,动不动就拿孩子小小的过失大嚷大骂,不要说不谙世事的孩子会感觉厌烦,就是一个成年人也会感到厌烦的。对于自己的情绪,职场妈妈首先要摆正一个心态,不要认为自己既工作又要照顾孩子有多么的委屈,也不要认为为了养育孩子自己失去了多少机会。对于孩子做的每一件事,如果你总往自己多么不容易、自己多难上联系,那么,你的付出就变得毫无价值了。就像鲁迅笔下的祥林嫂一样,开始时可能会博得别人的同情,可是时间长了,得到只有厌烦而已,到时候可就真的得不偿失了。

职场妈妈如果真的想让孩子感受自己一天天的辛苦,唯一的办法就是让孩子在与自己的相处中慢慢体会。你不要以为孩子还小什么都不懂,就是再小的孩子也会用眼睛去观察,用心去体会。如果天天提醒孩子,唯恐他忘记自己有多好多不容易,特别是在孩子本就因犯错或是失误而心怀歉疚时,那你就只能得到强烈的反抗与极度的厌烦。

尽管职场妈妈工作压力很大,确实也有委屈和不愉快,但面对孩子也要拥有阳光的心情。比如看见晴天想到鸟语花香,看到阴雨想到诗情画意，遇到孩子犯错或是失利，想想自己也曾经有过类似的童年时刻。以孩童之心看待孩子的行为，用理解和包容去看待孩子的小过失，以严肃的谈话直接处理孩子的错误，拒绝借题发挥大抱委屈。

只有妈妈们懂得用心去剔除自己情绪中的灰暗面，用阳光的眼神和阳光的话语对待失利或是失误的孩子，孩子才能拥有一种乐观开朗的性格。

### 管好你的刀子嘴，别让它伤了孩子

很多职场妈妈在工作上都讲究高节奏高效率，办起事情来要求速战速决，因此，她们常常也会把这种工作上雷厉风行的特点带到家里来，对孩子说起话来总是快人快语，从来不会讲究方式方法。

当孩子有什么地方让自己不满意，或者被别的家长告了状，捅了娄子回家，妈妈第一反应不是坐下来和孩子好好沟通弄清其中的原委，而是不分青红皂白的立即对孩子大发雷霆，严词审问，有的妈妈甚至还会使用暴力以达到迅速解决的目的。

也许从妈妈的角度看，无论妈妈做出什么样的反应都是应该的，就算骂他打他也都是为了孩子好。但是，妈妈有没有想过，训斥责骂的效果达到管教的目的了吗？孩子知道自己错在哪里了吗？绝大多数情况下可能会事与愿违，严重的甚至还会产生母子矛盾。当孩子犯错后，真正善于处理这类情况的妈妈，都是能控制自己情绪的好妈妈，她们不会让自己的刀子嘴伤了孩子的自尊。

如果孩子犯错了妈妈马上追究训斥，别人告状了妈妈立即逮住孩子责骂批评，这样做的结果会让孩子对你越来越反抗，会认为妈妈不爱他，从

而影响亲子关系的良好发展。也许,职场妈妈又有话说了:"我上班这么忙这么累为的是什么?还不是为了他嘛!结果他还这么不争气,犯了错难道还不能说吗?"

不是不能说,孩子犯了错做妈妈的肯定要说,但是要看你怎么说。说话就要说得有效果,既然要教育,就要达到教育孩子的目的。只是简单的发脾气、训斥、打骂孩子,可能会让孩子暂时迫于压力不再犯类似的错误,但他内心却并没有认同,而且你的训斥、打骂还有可能会在他幼小的心灵里造成阴影。有些妈妈总是抱怨孩子为什么屡教不改,其实真正的根源就出在自己身上。说到底,就是因为妈妈过于激烈、过于情绪化的反应才导致孩子的叛逆。

再遇到类似的情况,妈妈要首先平复情绪,把马上冲口而出的话放在嘴里好好咀嚼一番。因为一时冲动不经大脑说出的话都是不合时宜的,相信职场妈妈对公司上级、同事谈话,都会想好了再说。那么,你既然对别人是这样,对自己的孩子也应该是这样。妈妈在情绪不稳时就会口不择言,说出去的话也会不经大脑,这不仅刺伤了孩子的自尊心,同时也让母子关系变得更加恶化。说出去的话就等于泼出去的水,即便妈妈以后想再弥补,也可能无法挽回了。

当愤怒的情绪再次袭上心头的时候,妈妈要学会冷静,让想说的话在脑子里首先转三圈。然后,你就会发现,再说出来的话不是招致孩子厌烦的,而是孩子愿意接受的了。教育孩子不需要长篇大论、引经据典,只需要在你情绪稳定的时候给孩子讲点故事,说点经验,或者是严肃地面对犯错误的孩子,告诉他什么是被禁止的,什么才是被允许的。说出来的话先经过一番考虑,时间久了你就会惊喜地发现,自己的批评孩子是愿意接受并改正的,他甚至还能理解你的忧虑和烦恼。

无论是职场妈妈还是全职妈妈,都不要让你的刀子嘴刺伤孩子幼小的心灵,只要将出口的话在脑子里转一转,你一定会培养出一个乐于接受教育的好孩子。

## 积极应对,工作情绪和家庭生活两分开

### 合理地安排好自己的时间

现代社会的职业女性把自己的成功定义为"职场上的成功、家庭的和谐、子女的健康发展",但这三者之间的平衡如同踩钢索一般艰难。我们建议,首先女性生育后也要在职业上保持比较好的状态,至少能维持一个向上的趋势。在工作的时候,不要总为了私人事务分心;而与家人和孩子相处时,又能忘却工作而完全投入。

### 缓解各方面的压力

有个令人惊讶的数据表明,出现心理问题的职业人士中,80%是女性。她们为家庭琐事所累,同时又因此在办公室中产生类似"即将被淘汰"的焦虑。跟男性相反,女性往往倾向于将工作中的错误归结到自己身上,人为地给自己形成压力,出现失眠、情绪焦躁等现象,影响工作和日常生活。

因此,女性要懂得如何去释放压力。参加健身,过有规律的生活,多与家人和朋友沟通等,都是行之有效的方法。如果有条件的话,应该主动寻求心理医师的帮助。另外要给自己寻求一个释放压力的出口:重视家庭,就放较多的时间在家庭上;较重视自己的职业,就将家庭琐事适度地解决,多投入工作——但不要自信能两者皆可得,而最后让自己同时承受来自各方面的压力。

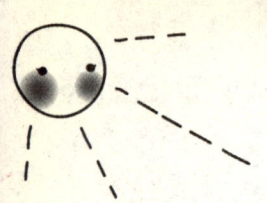

### ❧ 积极与上司沟通

和老板进行积极有效的沟通其实能够使自己和公司都得以进行比较好的调整，而公司也会根据你的个人情况给予适当的照顾。无论是怀孕期还是育儿过程中，遇到任何问题，应该主动地向老板提出这些问题的解决方案，比如弹性工作制——在保证工作量的前提下，晚些上班，以便送孩子上学等等。只有这样，你才不会因为一些突如其来的私事而给老板造成不够敬业的印象，你也可以更游刃有余地协调私人事务和工作之间的关系。

## 为快乐找个秘方，职场妈妈也要爱自己

### ❧ 放松你的身体

**需要时间：每天10分钟至30分钟**

也许你会抱怨没有时间来照顾一下自己的身体，忙里偷闲放松一下你的身体吧！利用孩子睡觉的时间在阳台上伸伸腰或做几节操，让身体尽可能地伸展。如果你学过瑜珈，那么你可以从深呼吸开始，选择几个简易的动作让自己的身体放松、再放松，十几分钟后，你的身体将变得柔软而又轻盈。

### ❧ 有效的时间管理

**需要时间：5分钟至20分钟**

做了妈妈，你恨不得一天变出48小时！如何才能有效率地安排妥一切呢？首先你必须学会按事情的轻重缓急来列一张次序表，最重要的事情要优先处理，再处理次重要的，以次类推。

不那么重要的事情可由家人或钟点工代劳。

每天睡前5分钟，你不妨给第二天的生活做一个计划，在头脑中把每件事都安排就绪，这样，新的一天你将赢得比平时更多的时间。请记住：不要在一天内给自己安排太多的工作，量力而行，并预留一段时间给自己。即使只有一小段自由的时间，你的心灵也会无比快乐。

### 冥想：与心灵对话

需要时间：5分钟至10分钟

如果你已拥有了一小段属于自己的时间的话，你就可以在自己喜爱的音乐声中坠入冥想的世界，让自己的思绪随意飘荡。也许会有许许多多的想法一齐涌上心头，让那些不快乐的人与事在你心灵的太空中消失吧！用几秒钟时间把那些令你产生快乐的画面固定下来。当然你也可以在冥想的时间里问自己一些问题，比如我是谁？我要到何处去？我将如何完成自己的梦想？每天只需要5到10分钟，静静地倾听心灵的回应。试一试，这样的精神之旅会带给你什么？也许你能运用自己的力量从焦虑、烦恼中走出来，内心拥有一片宁静与光明。

### 给生活加一点创意

需要时间：几分钟至数小时

很多时候，我们并没有想到要给一些生活细节加点创意。比如给孩子做菜，我们常常会担心孩子不爱吃，而没有把注意力放在如何变出新的花样来让孩子喜欢吃。给普通的西兰花加一点甜甜酸酸的番茄沙司，味道就不一般，让孩子自己拿着吃，孩子也许就会很配合。给饭团用海苔片包一下，夹一些肉与蛋黄，这如同寿司一样的食物一定会得孩子的青睐。试着给自己买一些可爱的小玩意装点你的居室和浴室，也许你的心情会变得更阳光一点。与孩子一起游戏，干脆把自己想象成与孩子一样大，正睁大了

一双好奇的眼睛在观察世界，想一想：每一天你会发现一点什么？试一试，你的生活是否会变得有趣一些？

### & 每周安排一次豪华沐浴

**需要时间：30分钟**

所有的医生都认为，在浴缸里浸泡30分钟，能解除许多病痛。浴缸里的热水和水压能使人体血管轻度扩张，从而使心率减慢、全身肌肉放松。劳累了一天，你是否感到有点腰酸背痛？安排一次豪华沐浴"款待"自己吧！清香可爱的浴盐，小巧玲珑的小工具，再加一点甜蜜的畅想，你一定会有全新的体验。你喜欢花瓣浴还是泡沫浴？花点心思，使自己的沐浴豪华一点，水是可亲的，在这段"浴"乐时光里宠爱你自己。

### & 成为人像摄影爱好者

**需要时间：数月至数年**

用你业余的时间、专业的精神去做这件事，从现在开始！孩子的啼哭、孩子梦中的微笑或者孩子迈出了人生的第一步，这些情景都能成为摄影的绝佳素材。这些瞬间稍纵即逝，只要你用心去捕捉，你一定会拍到很难得的珍贵照片。即使你不懂摄影也没关系，性能好的相机也能助你一臂之力。

### & 厨房里起舞

**需要时间：几分钟**

在厨房为家人准备食物的同时，你有没有试过随心所欲扭动身子？你还可以像某个偶像歌星一样大声地唱歌，转转圈子、踢踢腿，这是一个纯属于你个人的游戏，你会获得身心解放的感觉。

### 读懂孩子这本书

**需要时间：18年**

随着孩子的一天天长大，孩子会变得越来越不受控制，于是你的焦虑、烦恼也开始了。事实上，孩子每天都在成长，他成长的速度是惊人的，如何与这样一个小人儿快乐地相处呢？也许你应该从怀孕起就要开始投资一定的时间与精力，精心地为自己准备一些高品质的育儿杂志与书籍，如果可能的话，你还可以读一些通俗的心理学读物，了解一下孩子各年龄段生长发育的特点，心理发展和身体的变化，这将有助于你了解孩子，使与孩子相处的每一天都是快乐的。身为人母，当你拥有了打开孩子心灵大门的钥匙时，你的内心一定是充满快乐的。

快乐是一种心态。其实你与孩子相处的每一天都有无数个快乐的瞬间，这些瞬间如同一些碎片，如果你能将这些碎片拼贴成一幅完整的画面，你就得到了你想要的。

用心去捕捉，你就一定能得到快乐！

## 责任重大，职场妈妈更要学会给自己减压

### 法宝之一：多跟朋友保持联络

现代妈妈绝对不能以自己家庭、事业繁忙为由，将自己封闭在小空间里，一定要用开放的眼光来接纳自己和身边的人。例如，妈妈们可以每月跟朋友聚会一次，节假日里给朋友打打电话问个好，或在朋友有困难时伸出援助之手。这样，在自己感到很紧张，很焦虑时，可以很容易地找到一个倾诉的对象，朋友能给许多具体的帮助。

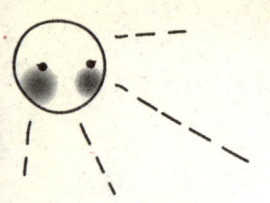

### 🐍 法宝之二：保持与家人沟通

妈妈们最好要订立一个计划，跟自己的丈夫谈谈自己的烦恼和苦闷，以及有哪些方面需要丈夫配合自己。每周一次，每次半个小时左右就可以。沟通可以在睡觉前进行，也可以在看电视的时候进行。而当孩子3岁以后，跟家人沟通就应该包括孩子了。找一个固定的周末时间，花半个小时开一个家庭沟通会议。如果孩子有一些不良的习惯，如挑食，可以和孩子一起协商，如何解决这个问题。孩子还可以给爸爸妈妈提自己的看法和希望。

### 🐍 法宝之三：自我意识各种压力

妈妈们可以按照自己紧张、焦虑的严重程度将自己近期的五大压力记录下来。例如，孩子生病，经常加班……然后，再逐一地进行思考：这些压力会给自己带来什么样的影响，最坏的结果是什么？当妈妈们将这些最坏的结果一一记录下来之后，她们就会发现原来这些压力不过如此，这样妈妈们就会有勇气、有信心去面对。

### 🐍 法宝之四：进行自我暗示

当妈妈们心情很不好时，早晨起床前、晚上睡觉前各做一次自我暗示，坚持一到两个月。先做深呼吸，然后对自己大声地说以下的语句："我是一个胜任的妈妈"、"我对自己有信心"、"我的心情会越变越好"、"我有能力做好每一件事"等。

### 🐍 法宝之五：以积极的态度看待各种压力事件

例如，妈妈拖着疲惫的身体回家了，可孩子总纠缠在妈妈的左右。此时，妈妈可能会感到很烦躁，认为自己很辛苦，孩子很烦，丈夫没有家庭责任感。如果此时妈妈换一个角度来思考这件事：这说明孩子跟我的感情很好，但我可以让丈夫先跟孩子玩，这样既满足了孩子的需要，又使孩子学会体谅大人的辛苦，真是一举两得。改变自己的思维方式后，一切都会突然间变得轻松、愉快起来。

## 面对不同场合，职场妈妈要迅速切换角色

每个人都有很多的社会角色，在不同的场合里我们有不同的角色和身份。有了宝贝，职场女性多了母亲这个角色；重返职场，妈妈多了职业人这个角色。妈妈、同事、妻子……每个角色都需要我们花时间、花精力去做好，对于职场妈妈来说，这是个不容易的课题。如何在众多的角色间切换，用有限的时间和精力将各个角色扮演好，这就需要一定的技巧。

一个人有很多的社会角色，职场妈妈是母亲、妻子、女儿，也是职业人；每个社会角色都赋予我们一些权利和一些职责，有特定的行为规范。身兼数职，就难免会有纰漏、有疏忽，想把每个角色都扮演得尽善尽美，更是一个不可能的任务。所以，在扮演一个社会角色的时候，只要专心地去做，尽力就好。

（1）迅速切换角色。虽然是同一个人，但在做不同的事、扮演不同的角色的时候，我们要专注于一个角色、一件事，一心一意。

八小时之内，努力工作，尽量不把工作带到家中，从踏进家门的一刻起，不再思考工作；在照顾宝贝的时候，就要用心陪宝贝，相比于全职妈妈，我们在时间的量上没有优势，那就从质上入手，让宝贝感受到你对他全心全意的爱；如果在周末或下班的时间里，可以和老公共度时光，那就提前将宝贝安置好，难得的二人时间只谈爱情不谈家庭。

（2）为自己做个计划表。一个好的计划，能够有效帮助节省时间，做好时间管理的重要一项，就是做计划。做一个月计划或周计划，将工作、宝贝、老公、自己都安排在计划里，虽然计划总会有变化，但在计划的基础上灵活调整要远好于没有计划的胡乱冲撞。

（3）关怀他人也关怀自己。完成工作计划的前提是充沛的精力和良好的状态，自我的空间虽然需要被压缩，但给自己一点时间，对自己和家人的心理健康都有益。

在感觉疲劳之前允许自己休息，就是对自己的呵护，也是对工作效率的保障。在计划表里给自己一些休闲的时间，并在有时间有条件的时候积极休闲，去健身、和好友小聚，拥有现代女性魅力的我们，能够轻松面对各种挑战。

（4）适度宣泄你对宝贝的挂念。心神不宁、难以专心于一件事，归根结底，源起于对宝贝的牵挂。一日不见如隔三秋，想宝贝想到心疼的感觉，相信妈妈们都经历过。心中有千丝万缕的牵挂，工作起来就会无精打采、没有效率。

给自己一定的时间，如利用午休时间，看看宝贝的照片、通个电话，把自己担心的事情和家里人交代、确认，甚或和有育婴经验的同事聊聊天，这些都有助于将心中的思念有所释放，将精力集中到工作中。但是，一定要把握度的问题，以免被同事、领导误解你对工作的投入度。

# 第六章

工作再忙,也要蹲下身子和孩子一起说说话

## 沟通的起点——"尊重"

一天二十四小时,职场妈妈把绝大部分时间都用在了工作上,自然而然的,与孩子沟通的时间就会少很多。如何在有限的时间里提高母子沟通质量成了职场妈妈要面对的难题。专家指出,沟通首先要以尊重孩子为前提。只有学会尊重和理解孩子才能和孩子保持有效的沟通。

王珂六岁的时候,妈妈送他一套珍贵的邮票作为生日礼物,希望培养王珂集邮的兴趣,也想让他养成珍惜别人礼物的好习惯。

但是王珂用妈妈送的邮票,和小伙伴换了一套足球明星卡。妈妈知道这件事后很生气,她认为孩子没有和自己商量,就把东西送人,是对自己的不尊重。另外,妈妈也觉得王珂换来的东西的价值不如邮票的价值大。

妈妈非要让王珂去和小伙伴换回来,这种做法让王珂感到很羞愧。王珂觉得妈妈一点也不尊重自己。

大部分的妈妈认为,孩子是自己的,就可以用自己喜欢的方式来爱孩子,对孩子缺乏基本的尊重,这样会给孩子的心理造成阴影,也会扭曲孩子的人生观和价值观。

孩子在人格上和妈妈是平等的,妈妈要学会尊重孩子,把孩子置于一个平等的地位来对待,才会赢得孩子的尊敬。妈妈尊重孩子,为孩子创造一个和谐的家庭气氛,更有助于孩子身心的健康发展。

妈妈尊重孩子的表现是:尊重孩子的选择,让孩子选择自己的爱好;尊重孩子的看法,对于孩子的意见妈妈要耐心地倾听,如果合理,要积极采纳；尊重孩子的隐私，不干涉孩子正常的交友，信任自己的孩子等。

随着年龄的增长，孩子的自我意识不断增强，他们越来越渴望得到妈妈的尊重和理解，一旦感觉得不到妈妈的尊重，就会疏远和妈妈之间的关系，从而激化母子之间的矛盾。

强调妈妈尊重孩子，并不是要求妈妈放弃在孩子教育中的主导地位。孩子辨别能力差，需要妈妈在尊重孩子的基础上悉心引导孩子。

### 建议一：平等地对待孩子

平等地对待孩子，是尊重孩子的首要条件。职场妈妈也要把工作中民主、和谐、有序的工作氛围带到家中来，与孩子建立平等的亲子关系。允许孩子根据自己的意愿进行选择，鼓励孩子自己作出一些决策。妈妈还要注意自己的言行举止对孩子的影响，与孩子保持同一视平线谈话，不要以居高临下的姿态和孩子说话。

### 建议二：不羞辱、讽刺孩子

很多妈妈过分重视孩子的缺点和错误，喜欢从负面对孩子进行羞辱和讽刺，缺乏对孩子起码的尊重；也有些妈妈，对孩子抱有过高的期待，孩子一旦做不到就责骂孩子。

妈妈羞辱、讽刺孩子，不但达不到激励孩子的作用，相反会在孩子的心里留下不良影响，引起孩子的逆反心理，不利于妈妈和孩子的沟通。

### 建议三：多征求孩子的意见

孩子和妈妈在家庭中的地位是平等的。妈妈在决定一件事情之前，不妨听听孩子的意见，让孩子有知情权和参与权，使孩子感觉到自己在家中的重要性，从而培养对家庭的责任感，树立起主人翁意识和大局观。

园园的爸爸妈妈最近想买套新房子，他们在家里经常为这件事争论不

休。妈妈决定在时代花园买房子，可爸爸不太同意。

两个人争论的时候，园园站出来对妈妈说："你们怎么不问问我的意见啊？"妈妈笑着不以为然，只听园园说："不能买那里的房子，那附近要建化工厂，环境不好。我班里同学的爸爸就负责这事。"妈妈打听了一下，确实是这样，于是决定在另一处买房子。

妈妈要随时记得，孩子是家庭中重要的一员，遇事要征求孩子的意见。当家庭中遇到大事时，妈妈要让孩子知道，并且鼓励孩子发表自己的意见，有时孩子的意见也会起到关键作用。

### 建议四：尊重孩子的隐私

孩子和妈妈在人格上是平等的，应该相互尊重。妈妈要尊重孩子的隐私，允许孩子有自己思考和做事的空间，这是尊重孩子，培养孩子健全的心理和人格的关键。

冯薇的妈妈发现，女儿每天放学回家后，就躲在屋里写东西，还会傻笑，写完之后就将日记本锁到抽屉里。

妈妈怀疑女儿有事情瞒着她。等女儿上学后，妈妈偷偷地打开她的抽屉，发现一本日记，里面写的几乎全是冯薇对语文老师的爱慕之情。妈妈觉得女儿早恋了。

回家后，妈妈将日记扔在孩子面前，还说了很多难听的话，冯薇顿时觉得很羞愧。这天晚上，她选择了离家出走的方式，来报复妈妈对她的不尊重。

尊重孩子隐私的妈妈，才能培养出自尊的孩子。妈妈不要窥探孩子的隐私，不要翻看孩子的日记、信件，应该找到恰当的方式，和孩子沟通、交流。

## 掌握技巧，母子沟通无极限

职场妈妈尽管与孩子沟通交流的时间很少，但是只要掌握一些必要的沟通技巧，也一样可以成为与孩子无话不谈的好朋友。

在亲子关系较好家庭中，妈妈与孩子之间的沟通畅通时，孩子往往不需要妈妈督促而主动地学习、上进。相反，亲子关系紧张的家庭，不管妈妈怎样教育，结果都是"恨铁不成钢"。许多时候，并不是孩子笨，而是孩子有心结，也就是亲子之间的沟通有障碍，从而使孩子产生了逆反心理，影响了孩子的正常学习。

英国教育家斯宾塞说："孩子在想什么？面临怎样的问题？孩子的内心世界就像一个藏满秘密的盒子。在这个盒子里，有动物，有人物，有梦境，有情绪，杂乱无章地塞在里面。如果不经常打开来看看，有一天当你不经意地打开时，也许会从里面跑出来一只老鼠，吓你一大跳。"

孩子的心里总有许多稀奇古怪的想法，尽管父母也有小时候的经历，但是，不同的时代以及年龄的悬殊，使父母们很难真正了解孩子们的想法，要想真正了解孩子们的心理，就需要父母努力与孩子们沟通。

儿子的手指不小心在关门时被夹了一下，于是狠狠地踢了一脚门。在旁边织毛衣的奶奶看到了，马上心疼地抓过他的手指，放到嘴边吹，还打了那扇门两下："都怪门，都怪门，奶奶帮你出气。"

妈妈对儿子如是说："小男子汉，是你自己关门不小心呀，怎么能责怪门呢？"儿子很不服气，大声地说："是门把我夹疼的。"妈妈心平气和地说：

"门是不会动的,是你自己关门的时候,不小心把手指放进去了,才夹住的,怎么怪起门来?"

妈妈打开门,开始示范,"像妈妈一样,小心点,慢慢地关门就不会被夹住了。"儿子试了几下,笑了。妈妈接着说:"以后,做事情要当心,不能乱发脾气,好吗?"儿子红着脸点了点头。

与孩子沟通之前,妈妈必须清楚地知道自己为什么要和孩子沟通,沟通的目的究竟是什么。许多妈妈就是因为不知道沟通的目的,才认为沟通是无用的行为。实际上,和孩子沟通,目的是促进妈妈与孩子之间的关系,在良好的亲子关系的基础上,去教育孩子、激励孩子,帮助孩子实现自己的理想。从这个意义上说,沟通就是一种教育方式。

沟通是一种亲子教育的方式。尊重和信任是沟通的前提,交流只能在这一基础上进行和完成。这一基础意味着沟通双方是平等的,代表着彼此是可以相互接纳的。与孩子的沟通,实际上是两个生命的碰撞。如何做到妈妈与孩子的成功沟通,把握以下几个秘诀:

## 秘诀一:要学会倾听

倾听是沟通的前提。学会倾听,这是沟通的第一步。只有倾听孩子的心里话,知道孩子想什么,关注什么和需要什么,才能有针对性地给予孩子关心和帮助,也会使以后的沟通变得更加容易。

当孩子要告诉妈妈事情的时候,妈妈不妨先放下手中的工作或家务,坐下来安静地等待孩子、看着孩子,不去打断他的话,全神贯注地倾听,不左顾右盼。而停下手边的工作,这等于告诉孩子:我是在意你的,我在认真地听,在注意你所说的感觉或问题。

## 秘诀二:要真诚地作出反应

孩子往往是非常敏感的,妈妈在与孩子的交流语调中暗含着一种态度，它同谈话的内容同样重要，从接受者的角度看甚至还比内容更重要。

　　李艳芳忙了一天了，回到家还要拖着疲乏的身体做饭，可五岁的女儿偏偏有道算术题不会做，过来找李艳芳帮忙。李艳芳心里很烦，但压住火气跟她说"知心话"："甜甜，妈妈现在忙死了，作业等会儿再做，体谅一下妈妈啊！"结果，女儿去看动画片了，李艳芳后来也忘了这事，第二天早晨醒来，女儿发现作业没写完。

　　想一想，你是否也在工作繁忙的时候对自己的孩子随便应付了事，久而久之，孩子自然就不愿意和你沟通了。对于孩子，父母要真诚地作出反应，而不是敷衍。

### 🔖 秘诀三：营造和谐的沟通氛围

　　和孩子沟通，创造和谐的沟通氛围是重要的前提。

　　小泳两岁时，妈妈就教她唱歌跳舞，现在孩子上小学二年级了，妈妈每周六、日仍然带着女儿辗转于各个培训班，她对女儿的要求很高，"说好的时间不能迟到"，"老师的作业一定要完成后才睡觉"。妈妈像一个停不下来的、精准的陀螺，这让女儿觉得生活好累，妈妈好可怕！

　　人与人之间进行顺畅的交流，首先要有轻松、融洽的氛围，要使人从交流中产生愉快的体验。孩子与父母之间也不例外。和谐的沟通气氛永远是与孩子沟通的最好添加剂。

### 🔖 秘诀四：沟通的问题要具体化

　　妈妈有一种习惯就是容易语重心长，但是说出的话又特别空洞。比如"你可得努力学习"，这种语言表达在今天对孩子的教育是无效的，也是无益的。因为这些话缺乏明显的可操作性，作为孩子基本把握不住，反倒容易造成孩子心理上的紧张焦虑。

　　只要儿子做了好事，欧阳华表扬时都会用具体语言。儿子主动洗碗，

欧阳华会说:"妈妈最喜欢你分担家务了";他外出和欧阳华的男同事打招呼,欧阳华会说:"叔叔夸你讲礼貌,妈妈听了很开心呢";他在医院给奶奶叫护士,欧阳华会说:"宝贝真懂事,都会关心照顾奶奶了"当然,每当他做错了事,欧阳华的批评也很有针对性,再也不用一些笼统的词汇去否定孩子。慢慢地,在欧阳华的表扬中,儿子的性格变得很阳光,表现也越来越好了。

父母以一种具体的形式,通过鼓励的方式渐进式地与孩子沟通,就比较容易调动孩子的积极性,而且能够把握住孩子思考、行动的方向。将孩子的行动目标分成许多的小台阶,每一步都具体而又相对容易地达到目标,让他们每一步都体会到成功的乐趣。

### 秘诀五:多赞美,少批评孩子

也许妈妈从来没意识到,自己随便说出来的一句话,会对孩子小小的心灵产生多么重大的影响。

骏骏6岁了,凡事喜欢自己动手,自己洗脸、收拾东西、帮家里扫地,时间一长,妈妈真的把骏骏当成了小助手,"儿子,把报纸整理一下"、"再把垃圾倒一下"。邻家阿姨夸孩子听话能干,妈妈则不以为然,说:"这算什么,人家尊尊能认500个英文单词呢!"骏骏听了,一下子把垃圾扔在地上。骤然间,母子感情变得十分对立。

恰到好处的赞美、欣赏会增强孩子的自尊、自信,是妈妈与孩子沟通的润滑剂。所以父母对孩子要多了解、欣赏、赞美、鼓励。赞美才能成功,抱怨导致失败。

妈妈与孩子之间的年龄、心理和思想感情等各方面都存在着巨大差异,因此理解需要一个过程。职场妈妈不能以自己时间紧、工作忙为借口,就与孩子之间的沟通显得过于急躁,这样只能使沟通化为泡影。只有掌握与孩子交谈的艺术,做孩子的朋友,才能使两代人做到真正意义上的沟通。

## 站在孩子的角度，让他说出真心话

每天在工作与孩子之间忙碌的职场妈妈唯一的愿望就是希望自己的孩子成才。因此，这就需要每一位职场妈妈对自己的孩子有充分的了解，因为只有了解孩子，才能帮助孩子更好地成长。职场妈妈就算再忙，也是孩子的主要抚养人，从某种意义上说，更是孩子的老师和朋友。只有深入交流，才可以让孩子在妈妈面前说出心里话，才可以解决孩子的成长问题。

当孩子年龄还小的时候，因为没有完整的人生观和独立思维能力，很容易接受大人们所持的观点。但随着孩子慢慢长大，虽然他们的思维、世界观和人生观还很幼稚，但他们已经开始用自己的思维方式看待问题了。

此时，当孩子再向妈妈倾诉心声时，妈妈如用长者身份，外加强硬语气，将孩子的想法完全否定，那么孩子的独立人格就会受到伤害，久而久之，孩子就不再对妈妈倾诉心声，而是对妈妈敬而远之。妈妈应该知道，没有人愿意和一个总是反对自己意见的人说心里话的。

要想与孩子真心交流，引导孩子说出真心话，不管你的工作有多么忙，妈妈都要有诚心和耐心，要尊重孩子，多鼓励、多引导，不管是学校、老师、同学之间的事情，还是家长里短，都应该做到让孩子把它们从自己的内心当中倾诉出来，妈妈在这一过程当中就应该做到学会倾听，千万不要打断，否则，将会失去一次甚至永远得不到与孩子真心交流的机会。

首先，妈妈应多鼓励孩子，让孩子积累信心。

职场妈妈常常把工作中的争强好胜带到孩子身上，希望自己家的孩子

比其他人的孩子都强。在现实生活中，这种愿望常常是不以人的意志为转移的。当孩子在成长过程中，遇到困难时，妈妈怎样看待自己的孩子？在我们身边时常会出现这种现象，不是简单地、粗暴地指责孩子，就是"棍棒"教育，让孩子的情感处于一种压抑或困惑状态。

孩子不敢与妈妈交流，有话藏在心里，久而久之，孩子的性格变得内向、孤僻，心理的不健康因素也随之累积。如果我们做妈妈的在孩子处在困难或不顺时，换一个视角去帮一下孩子，把指责转换成欣赏孩子的某个方面，把棍棒改为用真情去引导。孩子的内心世界将会出现一片阳光。

美国心理学家丝雷说："称赞对鼓励人类灵魂而言，就像阳光一样，没有它，我们就无法成长开花。"孩子的成长又何尝不是这样呢？一位母亲在与孩子沟通时，总觉得自己的孩子没有邻居家的孩子好，一天就对孩子说："咱们隔壁家的孩子多好！"然而自己的孩子却不服气地说："她有什么好？"这位母亲在听了此话之后，大为震惊，之后便接过孩子的话茬儿说："是啊！你不比别人差，可是你要拿出自己的本领，让周围的人都佩服你。"身为母亲应该感到自己的教育方法欠妥，教育自己的孩子，为什么不从孩子自身角度出发，去挖掘孩子的优点呢？

如果我们身为母亲都能够做到经常性地去称赞孩子的点滴进步，欣赏他每一步的成长足迹，这对孩子有多么大的鼓舞作用呀！以孩子为本，以孩子的发展为着眼点，与孩子并肩同步，共同探讨做人的道理。在母亲的启发、引导下，孩子的是非观念，为人处世的态度，乐于助人善良的品德逐渐形成。以书信的方式与孩子沟通可以起到良好的效果。有位母亲在书信中如此激励孩子，她送给孩子一首印度诗歌：把一个信念播种下去，就会产生信心；把一个心态播种下去，就会产生行为；把一个行为播种下去，就会产生习惯；把一个习惯播种下去，就会产生性格；性格决定命运。孩子也终于在这样自然、真情的感召下，和妈妈谈起了心底话。

其次，妈妈要平等对待孩子，尊重孩子的思想。

在一个家庭当中，孩子也是家庭中的重要一员。首先，妈妈要在情感上与孩子平等。家庭中的事情要让孩子知道，并征求孩子的意见，包括家庭中需要购买的物品，甚至日常生活的东西都与孩子进行商量；有时也可以带孩子一起去购物，不亦乐乎。这些虽是小事，却体现出妈妈对孩子的尊重。很多优秀的妈妈都认为：尊重孩子还必须在思想上体现出来。有些家庭经常会围绕一场球赛，一部电视剧或一场演唱会的节目内容展开讨论。有意地让孩子发表意见或看法，看看孩子的观点，然后，因势利导地启发孩子，点播他的思想火花。让孩子从小具有自己的思想观点，学会分析问题、解决问题的方法，从而懂得如何处事，这实质上也是培养孩子情感的一种具体做法。

另外，做妈妈的应当从孩子喜欢的事物中去培养孩子的理性思考。妈妈也要把自己的思想观点完全亮出来，让孩子从妈妈的思想观点中去真正领悟一些未知的东西。从而在平时的交谈中，妈妈与孩子之间的沟通更加富有民主性、情感性与生活性，以便给家庭营造出一种宽松愉悦的氛围，这样更有利于孩子身心健康。

最后，妈妈要合理要求孩子，不压制孩子情感世界的发展。

每一个家庭都会遇到孩子的学习问题，无论是职场妈妈还是全职妈妈都希望孩子将来是个允文允武的小天才。然而，事情也不是那么简单。有时候，妈妈也会因为孩子学业成绩的忽高忽低而感到无比困惑。在孩子取得高分时，妈妈要激励孩子不断向前，不能以此而感到满足；当孩子没有取得好分数时，妈妈也不能训斥孩子，应当帮助孩子找出原因，想办法助孩子一臂之力，克服困难。妈妈要想法鼓励孩子，败不馁，要经得起考验。告诉孩子：学习知识的过程就是培养一个人的奋斗精神、进取精神，事事如意，实属不易的过程。学习上取得了理想的成绩，当然是一件令人高兴的事，然而这只是孩子成长过程中的一部分，并不代表孩子的全部，最重要的是在学习过程中，培养孩子的志向与意志。这是构成孩子具有健

康向上的人格质量,让孩子懂得追求是人生境界的动力。

同时,妈妈也不能因为孩子学习成绩不好而斥责孩子,影响孩子的成长,更不能扼杀孩子的情感世界。面对孩子在学习上所遇到的一切情况,身为妈妈只能尊重事实,化激励为动力,不断焕发孩子的进取精神,让孩子在学生时代经历各种考验,让孩子变得成熟起来,成长得更健全,无论是学习,还是思想、情感都得到和谐发展,这是今天妈妈常与孩子沟通的重要性。这是时代的呼唤,也是妈妈一种社会责任感的体现。因此,职场妈妈也应该适时将工作与家务放下,每天抽出一点时间有意识地与孩子沟通,让孩子沐浴在爱的阳光下,迅速成人、成才,成为社会有用之人。

##  孩子喋喋不休时,妈妈要耐心听完别打断

很多职场妈妈也许已经意识到了应该听听孩子的话,但在实际生活中却总是显得那么没有耐心,特别是当自己工作繁忙、家务繁重的时候或者觉得孩子的话没有什么意义的时候,总是在孩子只开了一个头还没把话说完的时候,就简单而粗暴地将孩子的话打断,并用不耐烦的语气说:"好了,好了,妈妈知道了。"假如一个孩子放学后很晚才回家,孩子刚要解释,心焦的妈妈便开口喝道:"我不要听出了什么事!"这种反应破坏了双方的沟通气氛,更严重的是令孩子的自尊心受到了打击。正确的方法是告诉他妈妈如何为他操心:"我们又担心又害怕。"然后让他说明一切,也许孩子有可以谅解的理由呢?

所以,我们常常听到有些妈妈叹息说道:"孩子有什么话也不跟我说,我说什么孩子也不听不进去。"孩子也抱怨说:"妈妈就知道整天忙自己的工

作，我有什么想说的话，妈妈从来就不耐心听。"

孩子喜欢对妈妈说话，是对家长的信任，这很可贵。只要可能，妈妈千万不要打断孩子的话或者对此表示厌烦，因为，这么一来，孩子比较脆弱的自尊心就会遭到伤害，弄不好，还会从此向你关闭敞开的心扉，实行自我封闭，这样下去，后果将不堪设想。

久而久之，孩子会养成说半截话的习惯。孩子想说的大多是自己的要求或感受，尤其是他感到好玩的或害怕的事，但忙碌的职场妈妈往往忽视这类问题，不注意听完孩子所说的完整的话语。长期如此发展下去的话，就会挫伤孩子说话的积极性。

有时候，孩子在学校内、外遇到不愉快的事情，一时又找不到可以信任的人诉说，只好独自闷在肚子里，待回到家再向妈妈倾诉。孩子这么做，无非有两个目的：一是孩子在倾诉过程中，不满的情绪获得充分的宣泄，从而使身心恢复到常态；二是孩子的一番倾诉是为了寻求解决问题的良策。对于前者，妈妈自然不必多话，只需坐下来热心关注即可。对于后者，妈妈就得认真思索一番，调动头脑，以便用自己比较丰富的人生经验去指导孩子如何解决问题。

因为，孩子的倾诉欲通常都比较强烈，他们喜欢说各种各样的新鲜事儿来引起妈妈的关注。而妈妈却往往没有耐心，没有兴趣听孩子的诉说，随随便便就打断孩子的倾诉，结果孩子就逐渐失去了向妈妈倾诉的热情，一些孩子还容易因此形成孤僻的性格。

明仁是某小学二年级的学生，最近，老师发现，明仁变了，以前活泼开朗、上课积极发言的他，现在变得沉默寡言，总是一个人发呆，学习成绩也下降了。老师经过细心的了解和与明仁耐心的谈话，才知道了明仁变化的原因。

明仁以前特别爱说话，每天放学回家后，都会把学校发生的趣事说给妈妈听，可明仁的妈妈只是一个普通的员工，没什么文化，她把全部希望都寄

托在明仁身上，希望明仁将来能考上大学，出人头地，因此，对明仁的学习抓得特别紧。她觉得明仁说这些话都没用，纯粹是浪费时间，因此明仁说话时，妈妈总是会打断他："别说了，光说废话，一点用也没有，你把这些心思放在学习上多好，快去做作业！"一次明仁说班里发生的一件事，正说得兴高采烈时，妈妈说："说了你多少次了，别谈这些废话，你还说，再记不住，看我不打你！"吓得明仁一个字也不敢说，回到自己房间里去了。

明仁以前也特别爱提问题，遇事总爱问个"为什么"，开始时，妈妈还回答，后来明仁问得多了，妈妈不耐烦了，"别问了，就你那么多事，问那么多干吗，去，学习去！"妈妈把眼一瞪，明仁不敢再说了，因为他知道妈妈脾气不好，生气了会打人的，慢慢地，明仁在家里话越来越少了，每天放学都闷在自己的房间里，因为妈妈也不让他出去玩，渐渐地他的性格也就变了。

这个案例告诉我们：家长总是随意打断孩子的诉说，不给孩子倾诉的机会，必然造成亲子之间沟通的障碍，这样，家长也就听不到孩子内心的想法，听不到孩子的心声了。了解不到孩子的所思所想，孩子出现了什么问题，家长也不会知道，问题也就不会得到及时地解决，孩子的心理必然产生严重的消极影响。另外，家长总是打断孩子的诉说，不给孩子说话的机会，孩子想说的话说不出来，总是憋在心里，对孩子的心理发展很不利。因此，聪明的妈妈，在孩子倾诉时，不要随意打断孩子的话，而要给孩子一个尽情倾诉的机会，这样妈妈才能更了解孩子，还会拉近家长与孩子之间的距离，使妈妈和孩子之间感情更融洽。

还有一个相反的案例。

有一个小姑娘，在学校里和同学发生了冲突，受到了老师的批评，但她觉得错不在自己，认为老师批评错了，感到十分委屈，和老师生了气。

回到家里之后，她向母亲倾诉自己在学校里所受到的委屈。可没想到，母亲听后，觉得孩子说得不对，也想批评她，但无奈自己正在病中，嗓子正肿得说不出话来，张了张嘴，没批评成。孩子觉得母亲理解自己，就更痛痛快快地诉说，有的话在母亲听来，是该狠狠训斥一番了，母亲张嘴又想训斥，可还是说不出来。

女儿觉得父母很理解自己，痛痛快快地把心里的委屈都说了出来，母亲一直没能批评、训斥女儿。第二天放学，女儿对母亲说："妈妈，我真是太高兴了，昨天您能理解我，宽容我，对您诉说完委屈，心情好多了，静下心来想，自己跟老师生气是不对的，今天我跟老师承认了错误，老师还表扬了我。要是昨天您不等我说完就训我一顿，骂我一顿，我可能越想越委屈，越钻牛角尖越不痛快。妈妈，您真是太好了，太理解我了。"

倾听是了解孩子最有效的途径，还是那句话，职场妈妈就算再忙，也要抽出时间耐心地倾听孩子的诉说。不轻易打断孩子说话，才能打开孩子的心灵之门，了解孩子的内心世界，在此基础上才能创造更多与孩子交流的机会。

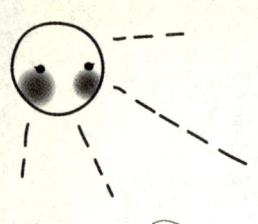

## 把握倾听的时机，才能收到良好的效果

倾听需要一定的技巧，但倾听孩子的谈话也要选择好恰当的时机，时间和地点选择得好，才会收到良好的教育效果，反之，则会适得其反。

做妈妈的，即使工作再忙，也要安排时间听孩子说话。时间可长可短，但一定要保证质量。一个和谐愉快的环境，一个温馨恬静的空间，才能让孩子畅所欲言，让家长和孩子之间有个良好的沟通。但是，妈妈一定切记，若谈话时机不恰当会让交流的质量大打折扣。

比如，孩子吃饭时、上学前、就寝前、与同伴一起玩或亲友在场时，都不是与孩子沟通的良好时机，不宜对孩子进行批评教育，这样会让他们感觉到很"没面子"，损伤他的自尊心影响孩子的身心健康，也可能使后续的学习和活动受到干扰和影响，并进一步阻碍你和孩子的交流。

聪明的妈妈听孩子说话一定要选对时机，应注意以下几点：

（1）自己心情不佳，过于疲劳，或工作中遇到棘手问题必须尽快处理时，最好不要倾听孩子说话。

（2）要有一个理智的心理环境。环境安静，心理平和，能较好地对孩子的问题进行思考，采取成熟的解决策略。

（3）根据具体情况，父母谁出面，或一起出面，都要事先商量好，另外要注意回避政策，避开其他人。

## 放下家长的架子,妈妈不代表绝对的权威

历史上的很长一段时间,家长即一家之主,高高在上,俨然一国之君主,这就是所谓的家长制。这种传统在我国存在了数千年,至今,在很多父母的观念中仍然根深蒂固。这种价值取向导致今天的父母比较推崇父母权威,父母习惯于按自己的理想模式塑造孩子,而不管孩子的实际情况。在教育孩子的方法上,习惯于训斥、发号施令和严格的监督与惩罚。家长制的价值取向使得父母将子女看成是自己的私有财产,认为顺从、听话才是好孩子。

另外,父母的角色行为习惯。父母先于子女走上人生旅途,所受的教育、社会阅历、经济实力与子女都不可相提并论。子女在父母的精心呵护下渐渐成长,父母眼中的子女永远是孩子,因而很多时候父母过于关心孩子,以教训的口吻对待孩子都是出于角色行为习惯。

但是,父母的角色会使父母教育孩子的过程中起不到良好的效果。孩子或出于威严,或出于抵触情绪,完全有可能把自己和父母隔离开来,不与父母沟通和交流。特别是随着孩子的成长,孩子在心理上有一段远离父母的时期,这称为心理"闭锁期",这是他们寻找自我、探索自我的表现,也是他们成长所必不可少的历程。这时他们不仅产生独立要求,而且也体会到自身社会地位和社会作用的变化,这样既使孩子获得了从事各种活动的能力,又对他们的认识能力、情感、意志以及整个性格特征产生了重要的影响。因此可以说这一现象是孩子成长的契机,也是父母教育子女的契

机。这一阶段哪怕是孩子出的问题，如将其放在孩子整个生命历程中来看待都会有其两面性的作用。孩子在很小的时候，自我意识就已经觉醒了，独立人格渐趋形成，他们有自己的理想、情感、行为方式。家长如仍高高在上，不注意孩子的感受，对孩子的问题采取指令、压服等对策，不仅易造成亲子对立，也会错失教育孩子、促使孩子成长的良机。

很多时候职场妈妈会不自觉地把自己的孩子当成自己的下级员工，对待孩子就像领导对待下属一样，总是摆着一副"领导"的架子，这样，又怎么能走入孩子内心深处，深入地了解孩子、理解孩子呢？妈妈只有放下家长的架子，平等与孩子交流才是了解孩子、理解孩子的最好手段。

有很多的父母往往在孩子幼小的时候就自觉成为他们的朋友。这些父母与孩子说话时，总是蹲下来，与孩子处在一个水平线上，并用双手握住孩子的小手，用亲切的目光对视着，和颜悦色，以商量的口气与孩子说话。孩子们也似乎都很懂事，眨着眼睛，频频点头。父母应当认识到，孩子虽然年龄小，个子矮，但他们是独立的人，应当得到父母的尊重。

蹲下来，和孩子平视，表现在生活中妈妈要尊重孩子，以平等的身份对待孩子，与孩子建立相互信任，做孩子的知心朋友。在我们的周围，很多孩子往往喜欢与家庭以外的成人交往，因为那些成人对待他们很像同辈，可是在家庭中往往就感受不到这种气氛。

在日常生活中，妈妈和孩子的交往，应该是平等和民主的，而不是独断的。职场妈妈更不应该将工作中的领导作风、强势作风用在孩子身上，而应该放下家长的架子，努力和孩子成为朋友，只有做到这点，才能使孩子敞开"心"来与你沟通。

## 语言暴力，孩子心头一把无形的刀

 与全职妈妈相比，职场妈妈既要照顾孩子又要忙于工作，她们付出的努力与辛苦要多很多。因此，每当孩子有让自己不满意的地方或者又犯什么错误的时候，她们总会有一种爱之深责之切的心理，于是难听的话一股脑全说出来了。瑞士心理学家让·皮亚杰说："对孩子的惩戒，一定要掌握好度，切记不要用语言去伤害孩子。"

 一个4岁女孩每天在梦里都会拼命地抓自己的头发，母亲以为孩子得了心理疾病。经过询问才知道，真正的原因是这位母亲发脾气时总对孩子说"我真想把你的头发抓下来"，孩子由于受到过度的恐吓，所以，梦中才会出现抓头发的现象……

 在生活中，当孩子在学校犯错受到老师批评的时候，往往回家后还要受到妈妈的二次"审问"。但是，如果妈妈说，"没关系，谁都有犯错误的时候，改正了就是好孩子"，孩子一定对妈妈心存感激，并努力改正错误。如果妈妈再次批评孩子的话，只会引起不良后果，影响孩子的成长。

 有些妈妈或许有过这种不愉快的经历：想让孩子干什么，孩子偏偏不去做，甚至故意唱"反调"。昔日那个乖巧、听话、可爱的小孩儿，越来越有自己的想法，有时甚至是比较任性、固执。尽管为人父母的我们，耐着性子、压住火气对其轻言细语的进行劝慰，但结果往往事与愿违，无奈中怒火膨胀，尖刻、严厉、不管深浅的怒骂随口而出，骂也骂了，气也出了，被唾沫星子炸的晕头转向的孩子，沉稳了不长时间，就又恢复了原

样。有些孩子甚至会变本加厉，变得越发难于教育。那么造成这种现象的主要原因是什么呢？

那是因为，妈妈对孩子过度使用了"语言暴力！"

父母要保持时刻的清醒：孩子不是出气筒，不要轻易使用语言暴力。

加藤妈妈因为近来工作压力大，精神紧张，一次孩子不小心摔碎了一只碗，结果被劈头盖脸就大骂一通，以至于孩子至今都不肯与她说话。加藤妈妈虽然意识到了自己的错误，但仍未得到孩子的谅解。

孩子都有很强的自尊心，如果因为一点小错误就被父母痛斥，最直接的后果是对家长产生回避甚至厌恶的情绪。哀莫大于心死！孩子的心理防线实在太脆弱。父母要记住，永远不要对孩子这样说：

"你真是没用的东西。"

"你真让人烦死了！你没看到我正忙着吗？"

"别忘了，我所做的一切都是为了你！"

"我对你说过多次，不要乱跑！"

"为什么你不像小明那样听话？"

"我在你这个年龄时早就……"

"你做这种事，真让我伤心透了。"

"你从不听我讲的话，你以为自己很能干吗？"

"你要考了一百分，我就给你买玩具。"

"像你这样不听话的孩子，长大了也只能是人渣，要是我早就跳楼自杀了！"

"你看××多好，爸爸妈妈真为有你这样的孩子感到羞耻！"

相比于身体上遭受的暴力，来自语言心理上的暴力侵害在一定程度上后果更为严重。身体上的侵害是外在伤情，而语言心理上的侵害则是"内伤"，它影响的时间更长，后果一般也更严重。尤其是父母的语言伤害，还会给孩子的心理上投下一种阴影，致使他们不再相信外部世界，觉得这个社会是冷漠的、恶毒的,对社会产生一种强烈的排斥感。

语言暴力和正常的语言警示只是一念之间。严厉的话语,决不能触及孩子的人格,更不能常用和滥用。孩子在成长的每一个阶段都有独特的特点,家长往往不在意孩子的年龄特点,也忘记了自己童年和少年时代的所思所想,不经意间,喜欢用自己的眼光和标准去衡量、看待孩子的成长,逐渐使家庭教育陷入恶性循环:过激的语言不尊重孩子,伤了孩子稚嫩的心灵,导致孩子情绪不佳,上学读书充满了挫败感,有意做出不良行为(进行挑衅或报复),进而语言暴力升级和滥用,孩子出现自暴自弃心理,做出更加不良的行为或家庭教育失控。

为了避免语言暴力对孩子的心灵造成伤害,各位妈妈应做到以下几点:

(1)要注意把握孩子的年龄特点。不同发展阶段的孩子其理解能力、生理及心理上的需求都有所不同,妈妈对待孩子的方式应随之调整,多用鼓励和赏识,提高孩子的自信心。

(2)要针对孩子不同的气质类型采取不同的对策。妈妈一定要了解孩子属于哪类气质,因人而异把握孩子的心理特点,实时调整教育方法,不要将自己孩子的性格特点和学习特点与其他孩子进行攀比,一味将自己设定的模式强加在孩子身上。这样既可避免亲子之间发生心理沟通上的矛盾,也不会破坏孩子学习的兴致。

(3)教育孩子,夫妻之间要默契配合。现实中,多数母亲教育孩子时,火气上来不容许别人插话,一个无休止的发泄,一个旁观或避而远之或百般保护或幸灾乐祸,语言暴力逐渐升级,使家庭教育处在尴尬的境地。

(4)妈妈与孩子之间要相互尊重。作为家长,我们应该走进孩子的内心世界,聆听孩子的声音。在平等的基础上与孩子进行对话,自由的交流、心灵的沟通,因为相互尊重,才是良好沟通的前提,而良好的沟通,则是教育的前提!

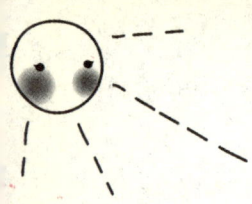

## 用欣赏的眼光看孩子，赞美要有技巧

随着教育理念的不断进步和更新，职场妈妈也逐渐认识到对孩子简单的打骂是不能达到教育的效果的，因此她们也都尝试着用赏识孩子的眼光去教育孩子，这对改善亲子关系、帮助孩子健康成长起到了不小的作用。但是，并不是每个妈妈都很顺利，有些妈妈就有这样的抱怨："我的孩子表扬不得的，越表扬越不行。"

事实上，并不是"表扬"这一教育方法不适合你的孩子，而是由于你还没有学会如何表扬孩子。

有效表扬必须具备四个步骤（以孩子英语考试进步为例）：

（1）陈述事实。孩子，你上次考80分，这次考了89分。

（2）确认事实的可贵性。进步了9分，不简单呢！你肯定比较努力了。

（3）表达为孩子进步而高兴的感受。妈妈真为你感到高兴。

（4）表达期望。我想你继续努力的话，肯定还会进步的。

而很多妈妈往往在表扬孩子时并不这样做，比如有位妈妈是这样表扬的："考89分，90分都考不起？进步是进步了，不要骄傲起来，看你下次会不会退步回去。"从心理学角度来分析，这妈妈的表扬中含有埋怨、勉强的确认和负面的暗示，其表扬的结果是孩子不高兴或者这次进步仅仅是昙花一现。妈妈原以为用这种表扬刺激一下孩子会有更大的进步，其实不然。这样非但不会使孩子进步，还会影响到亲子关系。因此，有效的表扬应该是真诚、恰如其分、程序化的。

心理学研究表明,适当的表扬对于塑造儿童行为和培养良好品德有举足轻重的作用,家长正确地使用表扬手段,可以在教育子女的过程中收到良好的效果。

当然,有效的表扬模式并不是固定不变的,没有哪一套表扬模式可以对所有的孩子都适用。因为每个孩子都是一个独特的个体,对一个孩子来说是表扬,对另一个孩子来说未必就是。比如对幼儿,父母的搂抱、亲吻会使他感到身心愉快,同样的方式对少年则容易引起躲避和反感情绪。尽管如此,表扬并不是没有规律可循的。

首先,表扬要真正打动孩子的心灵。妈妈在日常生活中要注意观察、了解孩子的心灵、年龄特点和需要,掌握能够使孩子感到愉快的人、事、物等因素,以便采取适当的奖励办法,激发孩子的积极情感,养成良好的行为习惯。

其次,表扬要具体、及时。妈妈对表扬的事情越具体越及时,孩子对哪些是好的行为就越清楚,遵守那些好行为的可能性就越大。比如幼儿在家里游戏完毕后,主动将玩具放回原来的位置,妈妈要培养幼儿这种良好的行为习惯,就应该对这种具体行动进行表扬。如对孩子说:"你能把玩具放回去,妈妈真高兴。"在这方面,家长常常犯两种错误,一是拖延,错过了表扬的最佳时机;二是表扬人格不表扬具体行为,只泛泛地说:"真乖,真是个好孩子。"这两种作法都很难奏效,因为行为和表扬之间是脱节的。

第三,表扬要先密后疏。心理学家斯金纳曾用动物做过试验,证明奖励的间隔变化比每次奖在塑造动物行为上更经济、有效。研究表明,这种有间隔、不定期的表扬方式同样也适用于孩子行为的塑造。一般而言,在形成一个良好行为习惯的初期,表扬要及时、经常,以便加深印象,随着时间的推移,逐渐拉开表扬的时间间隔,行为习惯形成后不再进行表扬。

表扬只是一种手段,不是目的,它的作用是帮助孩子形成良好的行为习惯,即由家长从外部对其行为的肯定转化为孩子内部的自我约束。

另外，妈妈在运用表扬的手段时，要注意防止以下几种做法：

（1）空头支票，采取不守信用的许诺。如"不要吵，安静点，一会儿妈妈带你到动物园。"妈妈只是随便说说并不兑现。这种做法容易让孩子失去对家长的信任和尊重。妈妈的正确的做法应该是考虑好了再说，说到做到。

（2）长期的等待，没有短期的表扬目标。大部分孩子由于年龄特点的限制，意志力和忍耐力都没有达到成人的水平，要求孩子必须完成所有的行为才能得到最终的一次性表扬是不妥的，要逐渐减少表扬的次数。

（3）附加的威胁，在表扬的同时附带着惩罚的阴影。妈妈虽然形式上在表扬孩子，但不信任和怀疑的情绪在言语中有所流露，这样做不但不能把孩子的行为向好的方向引导，反而导致孩子产生逆反心理和冲动行为。

## 妈妈一句"对不起"是孩子一生的教育

几乎所有的妈妈都会教育自己的孩子要勇于承认自己的错误，不要为自己的错误找借口，而且对待自己的错误更要勇于面对，知错就改。但有些妈妈自己错了却不愿意在孩子面前承认，尤其是在曲解、误解了孩子时，或错误地批评了孩子时，不愿意直接、正面地向孩子承认错误，唯恐在孩子面前丢了威信，失了威严。职场妈妈在这方面的表现就更明显了，本来管教孩子的时间就少，还要给孩子承认错误，那孩子还不得更难管了，这是职场妈妈普遍的担心。其实这种担忧是多余的，妈妈如果学会向孩子"道歉"，对教育子女无疑是大有裨益的。妈妈在家庭教育中出现过失、错误时，理当采取明智之举，勇于向孩子"道歉"，这样，定会让孩子笑逐颜开！这既是对自己行为负责的一种表现，也为孩子的为人处事作出了榜样。

作为妈妈应该要懂得,道歉并不仅仅是公共场所使用的外交辞令,在自己家庭里也应是必不可少的言语习惯。如果妈妈因为误解孩子的言行而指责孩子,后来明白原来不是那么回事的时候或是当妈妈不小心使孩子受到伤害时候,都应该要向孩子道歉。

在一个家庭中,妈妈如果从来不向孩子承认自己的缺点和过失,那么她的孩子就会产生"妈妈虽然永远正确但实际上却老出错"的观念,时间一长,就会对妈妈正确的教诲置之脑后。但妈妈如能在自己对孩子做错事之后,立刻郑重地向孩子认错、道歉,那孩子就会懂得承认错误并不是一件什么可耻的事情,就会提高分辨是非的能力,尝到如何使自己更聪明的甜头。

例如,很多妈妈在孩子"闯祸"之后,往往由于一时的感情冲动,而对孩子进行了不恰当的、过重的批评或惩罚,但在事后,又觉得很后悔。此时,倘若妈妈能勇于真诚地向孩子道歉,用行动补救自己的"过失",则能引导孩子更好地走自己的路。

在现实生活中,妈妈难免会有错怪孩子冤枉孩子的时候。儿童心理学家指出:在一个家庭里,家长威信的树立,并非因为他们向来正确,而是因为他们实事求是,严于律己,进而取信于孩子。

一个人做错了事,伤害了别人,必须向人家道歉。妈妈在孩子面前承认错误,或寻找适当机会与孩子谈论自己的错误,是让孩子学会如何做人。只有孩子感到妈妈真正是言行端正,才能产生由衷的敬意,妈妈的威信也才会真正树立起来。

同时,道歉还要注意在心平气和时,道歉的主旨要明确,态度要诚恳,所说的道理要中肯。如此,必会有深刻的教育效果。

明哲的妈妈发现钱包少了50元钱,就一口咬定是明哲拿了。明哲说没拿。妈妈不信,先是"启发"孩子:"需要钱可以向我要,但不能自己拿!"

后来就越说越生气,警告明哲:"不经允许拿妈妈的钱,也算是偷!"明哲不服气,母子俩就吵了起来。这时明哲的爸爸回来了,忙解释说:"钱是我拿的,还没来得及告诉你呢。"妈妈这才停止了对儿子的逼问,但又补上一句:"明哲,你可要记住,花钱要管妈妈要,可不能偷偷地自己拿啊。妈妈的钱可是有数的!"明哲觉得受了不能容忍的侮辱,一气之下,离家出走了!

这个事例告诉我们,在家庭生活中,妈妈说错了话、办错了事,甚至冤枉了孩子,都是难免的,关键是发生问题后家长怎样处理。妈妈和孩子相处,应该是民主平等的,不能摆家长架子。错怪了孩子,就主动道歉,而且态度要诚恳、不敷衍。职场妈妈不用担心这样做会丢了面子,其实不然,孩子是明理的。主动向孩子认错,给孩子树立了有错必改的榜样,会使孩子由衷地敬佩妈妈的见识和修养,从而更加信任妈妈,使一家人更团结,为孩子创造健康成长的良好环境。妈妈的威信不但不会降低,反而更高了。

## 适时闭嘴,给孩子发言的机会

我们有理由相信,尽管职场妈妈忙于工作,但是她对孩子的爱不会比全职妈妈少一分。同时她们的爱与全职妈妈又有所区别:同样是面对孩子,全职妈妈有大量的时间听孩子在她们面前喋喋不休,让孩子任意表达自己的想法和主张,而职场妈妈却由于时间和精力有限,对孩子的生活起居、学习交友往往是自作主张,想当然而为。要知道,这种做法是极其错误的。就算孩子再小,但也有自己的想法和主张,一旦孩子的话语权被长期压制,孩子成熟后的个性通常会有明显的缺陷。

对于幼小的孩子来说，他们的依赖性当然更强。作为孩子的主要抚养人，应为家庭教育营造温馨而宁静的气氛，还要为孩子做出绝大多数的决定，为他们的生活和学习做出最终的裁断。在孩子眼里，妈妈就是法官，是陪审团。妈妈对孩子的调教和管理应该温和而友善的。

孩子每天该吃什么，几时就寝，何时上学……孩子自己并不能决定，都要由妈妈来做出善意的"独裁式"安排，因为妈妈更清楚什么对他们真正有好处。妈妈还要不惜代价，实施你对于孩子的愿望，让它们在孩子身上开花结果。这是做父母的权利，也是父母的义务。即使小家伙们有时难以接受，不喜欢这样那样的安排，父母也要坚持原则和立场。

在许多的现代家庭里，这种现象并不少见。一方面，父母对孩子很娇惯，对孩子的物质要求有求必应；另一方面，父母却从不把孩子当作一个有思想、有主见的人，也不考虑对孩子的做法是否恰当，孩子可能会有什么想法。因为他们是家长，就似乎一切做法都是应该的、合理的。不少孩子反映：每当我和父母的意见不一致时，他们往往喜欢以势压人，不让我说话。

当妈妈和孩子有矛盾冲突时，很多家长的做法是，不允许孩子发表自己的意见，不调查问题的来龙去脉，不等孩子讲完话，就主观臆断地下结论，一味地大发脾气，以势压人，这样的行为怎么能让孩子心平气和地和家长交流想法呢？妈妈应该给孩子一个说话的机会。

对孩子采取简单粗暴的专制管教形式，事事都要过问和干涉，希望孩子越温顺、越听话越好，不给孩子说话的机会，剥夺孩子说话的权利，一味让孩子听话，这样过分的管教恰恰会害了孩子。

有一个孩子叫冉冉，是小学一年级的学生。可是，她却不善于语言表达，在众人面前，一说话就脸红。孩子为什么会如此的扭捏呢？

原因是冉冉妈妈自有一套教育、管理孩子的办法。如果有客人来冉冉家做客，冉冉的妈妈就会要求孩子要有礼貌，要懂事，在大人们说话的时

候,小孩子不许乱插嘴,最好是到别的地方去玩,让大人们清静地说话。即使是只有一家三口的时候,冉冉也通常没有完全自由表达的权利,她的话总是时常被打断。

其实,妈妈的这种做法,对孩子是十分不利的。当孩子正在兴高采烈地说着什么时,父母却不时地打断孩子,还纠正他的发音、用词,或者批评他的某个想法等,这些都会令孩子兴味全无。即使是成人,当自己的发言屡遭别人打断或反驳时,也会兴致大伤,缄口不言。因此,这种做法必然会影响孩子个性和能力的发展。多数孩子会逐渐变得不愿独立思考、自主行事。这很自然,既然动脑子出主意受到批评指责,又何必自讨苦吃呢?

可是,正如例子中所说的,家长不时地打断孩子的讲话,甚至阻止孩子讲话,不给孩子发言的机会,不把孩子当成有思想的人,也就不会用心去体会孩子的思想,去了解孩子内心的想法,而他们还会认为自己是尽到了他们管教子女的责任。

于是到后来,这样的父母往往会抱怨说:"这孩子怎么不像别人家的小孩那么灵?""这孩子怎么反应这么迟钝啊!""他一点儿主见也没有,到底该怎么办,他自己竟然不知道。"可是,这一切又都能怪谁呢?家长只能自食其果。

父母打断孩子的话,或阻止孩子讲话,使孩子的思想表达不出来,使孩子的意见不能发表出来,这样父母不能了解孩子,不能给予孩子恰当的指导,这对孩子的成长极为不利。一些孩子变得不善语言表达,变得没有主见、怯懦、退缩,而另外一些孩子却变得独断、盲动,听不进别人的意见。

如果一味地抑制孩子,不让他说出自己心里的想法,孩子就会本能地产生委屈的感觉,进而伤心、怨恨。他会把这种委屈发泄到其他的对象上,或者去想各种好玩的事情来摆脱这种情绪。这往往就是导致孩子淘气的原因。

教育专家认为，如果孩子想要对某件事进行辩解，而时机又不合适，明智的妈妈应该这样说："对不起，现在我很忙，但我一定会听你的解释，等我有时间咱们再慢慢谈，好吗？"想想吧，这对孩子来说无疑是大旱甘霖，他不但不委屈、怨恨，反而信心大增，并会想自己是不是有什么地方的确做得不妥。孩子的这种说话权利如受到别人的尊重，会增强他的自信心和荣誉感，他反而会注意别人的权利是否也被自己尊重，从而自治能力增强。

妈妈们，一定要懂得把自己的孩子当成是一个有思想的独立个体，给孩子对等的地位，尊重孩子说话的权利。教育学家认为，只有平等的、民主的家庭才能产生具有独立意识、乐观积极的孩子，而专制的家庭只能培养出唯唯诺诺的庸才。

反对这种观点的人，可能会说，他只是一个孩子，就应该听家长的话，应该服从家长。而赞同这个观点的人会说，他是未来的成人，教育的所有目的不正是要使受教育者去适应未来的生活，成为未来的成人吗？

"你有说话的权利"，妈妈要把这句话告诉给孩子，并且尽可能表达得亲切、美妙、动人。这时你真的会看到孩子身上出现的令人鼓舞的情形，不管这个孩子是成绩差的，还是成绩好的；是听话、温柔的，还是顽皮的。而对于那些没有教养的孩子，当你这样说时，教育就开始了。

把孩子当作自己的朋友必须赋予其发言权，不管他的言谈是否正确，想法是否单纯。传统的家庭观念中，孩子几乎没有发言权、参与权、选择权。不少孩子自身的事都要由父母说了算，从小父母就给孩子设计了"成才之路"，上这个兴趣班，上那个补习班，全然不问孩子的感受和想法。处于这种状态下，父母的权威就会渐渐削弱，对孩子的教育效果就会大打折扣，最后造成的后果就是使孩子离自己越来越远，越来越不懂"他们到底想怎么样"。

职场妈妈不要再以为什么都给孩子安排好就是对他最好的爱了。在为他做决定的时候,也要空出时间给孩子一个发言的机会。事实证明,给孩子说话的机会,是一种成功的育儿方法。

## 妈妈唠叨越多,孩子越不听话

无论是职场妈妈还是全职妈妈在教育孩子的时候,常常会遇到这样的情况:对于某个问题,提醒了孩子许多次,可越说却越不听;纠正了孩子许多次,可孩子一点反应都没有;教训孩子多次之后,才发现孩子的表现与自己的期望恰恰相反……这个时候不要再揪住问题不放,而应该静静的想一想,是不是自己太唠叨了?

家庭教育中,切忌对子女唠叨。常见一些妈妈,出于对孩子严格要求的初衷,当孩子有些事做得不大好的时候,或者学习考试成绩出现下降的时候,往往反复告诫,一再提醒。有一个上幼儿园大班的孩子,别人家的孩子汉字都认识几百个了,他自己却还不认识几个,母亲非常着急。为了提醒孩子,一大早就叫孩子起床,并说:"你不看是什么时候了,还不起来!"妈妈下班回到家二话不说,先问作业做了没有?当她看到孩子在室内来回走动时,就说:"都这么大了,怎么对学习一点也不着急!"这位母亲的心情是人所共知的。作为母亲,她们似乎认为自己经常上班,没教育好孩子,自以为只有这样,才能提醒孩子注意,达到预期的目的。实际上收到的效果,却往往使孩子感到厌烦,产生抵触情绪。

孩子之所以产生抵触情绪,是有原因的。从心理学上讲,这种唠叨,就是一种重复刺激,同一内容重复的次数多了,就会在大脑皮层产生保护性抑制。这样产生的结果就是,妈妈说的越多,孩子越不听。每一位妈妈必须对这种逆反心理引以为戒。

有一位学生,母亲在外地工作,他长期生活在祖母身边,从小嘴馋,生活自理能力差,学习上也是马虎拖拉,经常迟到、逃课。母亲知道了这些情况,就决定召开家庭生活会,对他进行一次认真的教育。父亲在会上讲述了自己苦难的童年和成长史,祖母也介绍了对孙子的管教情况。会议开得很成功,孩子受到了很大的震动。会上,大家还帮助他制定了学习计划。自此以后,他母亲定期回家,督促检查,不到半年时间,这个孩子就改掉了散、懒、馋的毛病,学习成绩也有了明显的提高。

其实,絮叨的说教是教育子女的一种错误的方式,也是妈妈缺少教育方法的一种表现。对于子女的教育不能单纯地说教,更不能发脾气,耍态度。当妈妈发现孩子有某些缺点和不良习惯,进行批评教育和诱导时,应使用多变的语言,以及不同的语调和表情,选择适当的时机,有的放矢地进行训导,"动之以情,晓之以理",再加上给予具体的帮助和监督,这样就会使孩子逐渐改掉缺点和不良习惯,养成好的行事风格。

妈妈和孩子交谈,教育孩子,除了要选择谈话的方式,还要注意谈话时机的选择。孩子都困得快睡着了,妈妈还在唠叨,这是最不适宜的时间。可是,妈妈有问题要和孩子谈,平时一天都在公司,也就晚上有点时间,不这时候谈什么时候谈?可她们不知道孩子学了一天,已经十分疲劳了,此时注意力很难集中,也较难克制自己的情绪。如果他在学校正好碰到不顺心的事就要更糟,谈话肯定不会顺利。因此,父母想要自己的训导有效果,一定要善于找到孩子的兴奋点,在恰当的时机将自己的观念传达给孩子。

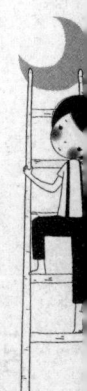

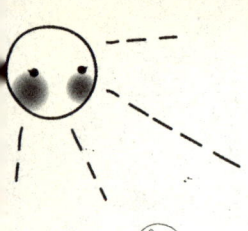

## 别用命令式的口气跟孩子说话

职场妈妈很多时候会不自觉地把工作中的强势作风转移到孩子身上，对待孩子就像对待下属，总用命令式的口气跟孩子说话，而且她们也普遍地认为用命令式的语气管教孩子是最直截了当的，也是"见效"最快的。殊不知，孩子内心有多么讨厌这种命令式的语气。

"成人世界"与"孩子世界"沟通的钥匙，大人和孩子每个人手中各有一把，最重要的是大人手中的那把钥匙。妈妈要想和孩子沟通，需要学会一件事——经常从孩子的观点上来思考，从孩子的角度来观察、决定事情，这是对孩子最大的尊重。

妈妈能在家庭中创造一种平等民主的空气，这是孩子的幸运。在这样的家庭里，孩子会觉得妈妈是自己的朋友，而不是高高在上的权威。

很多人都知道连通器的原理，只有两头高度差不多，水才有可能在中间的管道里来回流动，如果一头高，一头低，水就只能往一个方向流了。孩子与父母的交流也是一样的。拒绝命令的方式，平等地和孩子说话，妈妈与孩子才有可能平等地交流。

美国精神病学家威廉·哥德法勃曾经说过："教育孩子最重要的，是要把孩子当成与自己平等的人，给他们以无限的关爱。"无数事实也表明，父母以居高临下的命令姿态来跟孩子说话，反而会使孩子产生逆反心理。只有父母转变姿态，像对待朋友那样去跟孩子说话，才有可能让孩子感受到平等。

小芬在父母眼里是不听话的孩子，因为不管父母让她做什么，她总是不听从；而小芬也不喜欢父母，原因是他们不尊重自己，老用命令的口气让自己做这做那。这样，小芬与父母的关系一直都不是很好。

有一次，小芬正在专心画画，妈妈命令她说："小芬，过来帮妈妈洗菜。"小芬不情愿地回答道："我在画画。"妈妈看见小芬没有起身，走到她面前严厉地说："我叫你洗菜你听见了没有？你还想不想吃饭？"小芬抬头看着妈妈说："我正在画画，我的画还没有画完呢。""你的画能当饭吃？"小芬的妈妈说着，拿起女儿画了一半的画，几下把它撕碎扔在了地上，然后再次命令小芬道："去洗菜！"小芬看着妈妈野蛮的行为，听着妈妈命令的声音，伤心极了，她怒视着妈妈道："我今天不吃饭！"说完站起身跑进了自己的小屋，把门反锁上了。

此后，小芬好多天都不理妈妈，这使小芬的妈妈意识到自己用命令的口气对孩子说话有些欠妥，但又不知应如何做才好。

孩子是一个独立的个体，有自己的想法，也有强烈的自尊。他们希望父母能够平等地对待自己，不愿意听到父母命令自己的口气，更不喜欢父母强迫自己的行为。当父母用命令的口吻要求孩子做事时，孩子很容易产生与父母对抗的行为。如例子中的小芬，在听到妈妈的命令后，就产生了对立的情绪，结果她没有听从妈妈的安排，妈妈也被气得够呛，弄成两败俱伤，导致父母与孩子的关系越来越僵。

很多妈妈认为，对孩子发号施令是做家长的权利，命令孩子做事理所当然。而慢慢长大的孩子，有了独立自主的意识，对妈妈命令的口气很反感，认为妈妈不尊重自己，内心产生了逆反心理，不愿意听从妈妈。有的妈妈因此感觉威严扫地，为了维护自己的面子，就更进一步强迫孩子按照自己的话去做，此时孩子与妈妈之间就会产生严重的对抗，影响良好亲子关系的建立。

妈妈用命令的口气与孩子说话，会压抑孩子独立自主的意识，长久下来，孩子就会形成懦弱自卑的性格。即使长大成人后，他们还会依赖大

人，遇事不能自主，使一生的生活质量受到影响。

每一个妈妈都希望孩子能够身心健康地快乐成长，也希望自己的威信永远留在孩子的心中，那么，改变与孩子沟通的方式，不用命令的口气与孩子说话，多从孩子的角度去思考问题，多听取孩子的意见，让他以平等的身份参与到事件的决策之中，这样孩子才会易于接受父母的观点，愿意按照父母的意愿做事。这样，父母的威严和形象在孩子心目中才会高大、持久。

妈妈对孩子用命令的口气说话，要求孩子无条件遵从自己的安排，是传统教育观念中的糟粕。在二十一世纪，作为职场妈妈，她们接收信息更畅通，思想也更进步，更要不断学习科学的教育理念，改变陈旧观点，尊重孩子的平等人格，而不能无视孩子的意愿和权利，先对孩子强行命令，后又步步紧逼，这样的结果只会是两败俱伤。

建议各位妈妈不妨从以下几点做起，与孩子有一个良好的沟通。

### 方法一：放下权威至上的观念

妈妈应放下权威的架子，把自己放在和孩子平等的位置。真正做到尊重孩子，不把自己的想法强加给孩子，只是提出想法和建议，让孩子自己选择。很多妈妈之所以不让孩子自主选择，是因为担心他犯错误。但是，孩子正是在错误中成长的，妈妈应该给予孩子充分的信任。当妈妈的想法跟孩子有冲突的时候，不妨换位思考一下：如果有人不尊重我而只是要我听话，我会是什么感受呢？这样就会更多地理解孩子的行为和想法。

### 方法二：学会与孩子商量

妈妈对孩子少使用命令的口气，多一些商量的方式，就会使孩子改变抵触情绪，消除或减轻两代人的隔阂，从而使妈妈与孩子之间形成温馨友爱的氛围，这些不但体现了妈妈的修养与教育有方，也会使孩子变得更加懂事、可爱。

### 方法三：用孩子的眼光去看孩子的世界

妈妈要经常站在孩子的角度去考虑孩子的言语行为，了解孩子的年龄特点，才不会给孩子提出苛刻的要求；理解了孩子看问题的角度，才不会拿成人的标准去批评孩子；尊重孩子的自尊心理，才不会采取命令的口气对待孩子。

# 第七章

## 职场妈妈,别以爱的名义"伤"了你的孩子

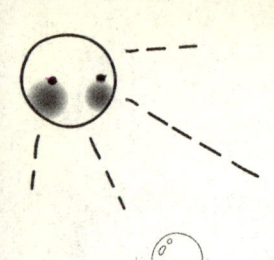

## 溺爱，给孩子的温柔陷阱

对于职场妈妈而言，将心爱的孩子托付于人而自己外出工作，这显然会令她们的心情感到十分沉重，觉得亏欠孩子很多。因此，只要条件允许，她们都会想方设法满足孩子的一切要求，至于要求是否合理，全然不顾。这种无条件无原则的母爱，不会跟孩子讲道理，只是一味地宠惯，孩子说东就是东，要什么给什么，最终会害了孩子。

一位母亲为她的孩子伤透了心，她不得不去找教育专家咨询。专家问："孩子第一次系鞋带的时候打了个死结，你是不是不再给他买有鞋带的鞋子？"母亲点了点头。专家又问："孩子第一次洗碗的时候，弄湿了衣服，你是不是不再让他走近洗碗池？"母亲说："是"。专家接着问："孩子第一次整理自己的床铺，整整用了1个小时，你嫌他笨手笨脚，对吗？"这位母亲惊愕地看了专家一眼。专家又说道："孩子大学毕业去找工作，你又动用了自己的关系和权力。"这位母亲从椅上站起来，惊愕地问专家说："你怎么知道的？"专家说："从那根鞋带知道的。"母亲接着问："以后我该怎么办？"专家说："当他生病的时候，你最好带他去医院；他要结婚的时候，你最好给他准备好房子；他没有钱时，你最好给他送钱去。这是你今后最好的选择，别的，我也无能为力。"

在孩子成长的道路上，存在着一个非常温柔的陷阱，而这个陷阱恰是那些过分保护孩子的母亲亲手挖掘的，掉进陷阱里的孩子，从小在妈妈的庇护下长大，逐渐丧失了自立能力。如此百依百顺的母爱，其实就是溺爱。

每一位母亲，天性里都对自己的孩子充满了关爱和责任感，为他付出，不辞辛劳，不图回报。在"爱"面前，太多母亲自愿做孩子的"自我延伸"，心甘情愿地去接受孩子的指挥，却未曾想到，这种看似爱孩子的行为，因为有着"无条件、无原则"的前提，悄然地变成了吞噬孩子的温柔陷阱。

孩子作为家中唯一的"中心"，做母亲的，对这个自己身上"掉下的肉"，自然更是宠爱加倍，母爱泛滥。孩子本是一张纯净的白纸，只是在外界环境的影响下，渐渐有了不同的色彩。

母亲爱孩子，爱得没有原则，会给孩子一个错觉：妈妈如此爱我，我要什么，她都会答应，所以，无论如何，我的要求都是能够被满足的。日久天长，孩子就会滋生一种"以自我为中心"的心态，认为这个世界的中心就是自己，自己的愿望就一定要被满足，一旦不能达到，那么就会有一些极端的行为发生。这种只有自己、没有别人、任性而自私的性格，正是由于母亲没有条件、没有原则的爱代替了理智教育之后产生的恶果。将缺点视为优点，把胡闹当作聪明，盲目的母爱蒙蔽了自己的双眼，也蒙蔽了孩子的心灵。我们给孩子提供什么样的爱，孩子就以适应这种爱的方式成长。

真爱以孩子的成长需要为核心，在孩子不同的发展阶段给予他不同方式的爱。与真爱相对应的是无条件、无原则的爱——溺爱。这看似自我牺牲的爱，其实是懒惰的爱。溺爱是陷阱，实际上，溺爱孩子的母亲只是在满足自己的需要，但它却披着"一切为了孩子"的外衣，变得仿佛不可指责。

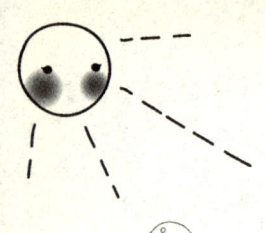

 **无原则无条件的溺爱——毁了孩子**

被溺爱包围的孩子，经常伪装得很强大，背后，却隐藏着三个常见的恶果。

### ❧ 溺爱，不良行为的源头

依赖，即对亲密关系的严重依赖。他们不能接受独立，必须和其他人黏在一起，必须通过其他人对自己的在乎，才能觉得自己有价值，他们先是依赖父母，最终依赖配偶或子女。他们是配偶和子女的地狱，因为他们只知道提出要求，让别人关注自己，却对别人的感受视而不见。

伤害别人。他们会发现，一旦离开了亲人自己什么都不是，所以会出现严重的自卑心理。但是他们自大惯了，不能接受这种自卑，所以会把自卑转嫁到别人身上，变本加厉地伤害别人。

任性。溺爱让他们养成了自私自利的以自我中心主义，这导致他们严重缺乏同情心。他们习惯了愿望立即被满足，没有学会愿望的满足需要时间，而且得依靠自己的努力去实现。"我要，我立刻就要"，成了他们的习惯。

### ❧ 溺爱，心理健康的破坏者

溺爱对孩子的心理健康危害很大，一方面容易使孩子形成固执骄傲、唯我独尊的乖张个性，缺乏抗挫折的能力；另一方面，限制了孩子的独立意识，压抑了孩子的创造性和进取精神。过度去保护孩子，时间长了，孩子会觉得什么事情都不需要自己去做，在他的意识里，妈妈会为自己做好一切，依赖心理就这么滋长起来了，孩子主动去做事情去探索世界的积极性同时被扼杀了。

妈妈用无条件无原则的爱为孩子铺好要走的路，使孩子逐渐丧失了自己开路的能力，在遇到困难的时候，往往垂头丧气甚至无法承受一点小小的挫折。通常骄傲势力的孩子也成长于溺爱的环境中，从小就认为人人都应该顺从自己的意志，一遇到不顺心的事情就大发脾气，不懂得体谅他人，这都是无条件无原则的母爱衍生出来的问题。英国教育界有句名言："溺爱的双亲应该记住，每样事都替孩子做，不希望孩子做什么事，这是对他有害的。孩子通常不需要娇养，他们要能尽职负责。过度的溺爱与娇养其结果是毁了孩子。"

## ❤ 溺爱，孩子创造力的杀手

过度的保护是对孩子创造力的扼杀。事实上，孩子们最原始的愿望都是想通过自己的努力来满足自己的好奇心和需求，所以在还不会讲话的时候，便会用表情和声音传达出他的兴趣点。这种与生俱来的好奇心是产生成功欲望的一种动力，而妈妈过多的干预，过分的保护，逐渐地扼杀了孩子认识世界的积极性，让他懒于去实践，去追求，因为一切只要跟妈妈撒撒娇就可以轻松实现。孩子迟早要面对社会，一个没有独立意识、个性霸道乖张、以自我为中心、缺乏创造力的孩子，如何能不碰壁，这个结果不是恰好和妈妈溺爱的初衷相悖了吗？本想给孩子最如意的生活，结果反倒为孩子的成长生涯徒增麻烦，所以，妈妈是不是应该考虑适当放手，让你的孩子积极、健康地成长呢？美国著名作家马克·吐温曾说"一个健全的男孩子，一生之中总有一个时期，会热烈地盼望前往某个不知名的地方，去挖掘埋藏已久的宝物。"就让孩子自己去探宝吧，妈妈适当指引就好。

## 家长溺爱孩子的10大"典型"

无论职场妈妈还是全职妈妈，都知道溺爱孩子是有害的，但她们却分不清什么是溺爱。尤其是作为职场妈妈，对孩子有更多的迁就，就更不了解自己在家里有没有溺爱孩子了。

"溺"，词典上解释为"淹没"的意思。人被水淹没了叫"溺毙"，如果父母的爱流横溢泛滥起来，那也会"淹没"孩子的，这就是溺爱，是一种失去理智，直接摧残儿童身心健康的爱。以下10种溺爱的形式是比较典型的实例。

### ❧ 特殊待遇

孩子在家庭中的地位高人一等，处处特殊照顾，如吃"独食"，好的食品放在他面前供他一人享用；做"独生"，爷爷奶奶可以不过生日，孩子过生日得买大蛋糕，送礼物……这样的孩子自感特殊，习惯于高人一等，必然变得自私，没有同情心，不会关心他人。

### ❧ 过分注意

一家人时刻关照他，陪伴他。过年过节，亲戚朋友来了往往嬉笑逗引没完，有时候大人坐一圈把他围在中心，一再欢迎孩子表演节目，掌声不断。这样的孩子自认为自己是中心，确实变成"小太阳"了。家里人都要围着他转，并且一天到晚不得安宁，注意力极其分散，"人来疯"也特别严重，甚至客人来了闹得没法谈话。

### ❧ 轻易满足

孩子要什么就给什么。有的父母还给孩子很多零花钱，孩子的物质追求就更轻易满足了。这种孩子必然养成不珍惜物品、讲究物质享受、浪费金钱和不体贴他人的坏性格，并且毫无忍耐和吃苦精神。

### ❧ 生活懒散

允许孩子饮食起居、玩耍学习没有规律，要怎样就怎样，睡懒觉，不吃饭，白天游游荡荡，晚上看电视到深夜等。

这样的孩子长大后缺乏上进心、好奇心，做人得过且过，做事心猿意马，有始无终。

### ❧ 祈求央告

例如边哄边求孩子吃饭睡觉，答应给孩子讲3个故事才把饭吃完。孩子的心理是，你越央求他，他越磨蹭不听话，不但不能明辨是非，培养不出有责任心和落落大方的性格，而且教育的威信也丧失殆尽。

### ❧ 包办代替

儿童心理专家曾问一些妈妈，要不要求孩子劳动，有的竟说："我疼都来不及，还忍心让孩子劳动？"也有的说："叫'小东西'做事更麻烦，还不如我帮他做了。"所以三四岁的孩子还要喂饭，还不会穿衣，五六岁的孩子还不做任何家务事，不懂得劳动的愉快和帮助父母减轻负担的责任，这样包办下去，必然失去一个勤劳、善良、富有同情心的能干、上进的孩子。这绝不是耸人听闻。

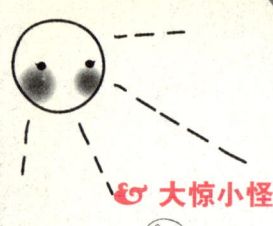

### ☙ 大惊小怪

本来"初生牛犊不怕虎",孩子不怕水,不怕黑,不怕摔跤,不怕病痛。

摔跤以后往往自己不声不响爬起来继续玩。后来为什么有的孩子胆小爱哭了呢?那往往是父母和祖父母造成的,孩子有病痛时表现惊慌失措,娇惯的最终结果是孩子不让父母离开一步。这些孩子就打下懦弱的烙印了。

### ☙ 剥夺独立

为了绝对安全,父母不让孩子走出家门,也不许他和别的小朋友玩。更有甚者,有的孩子成了"小尾巴",时刻不能离开父母或老人一步,搂抱着睡,偎依着坐,驮在背上走,真是含在嘴里怕化,捧在手心里怕摔。这样的孩子会变得胆小无能,丧失自信,养成依赖心理,还往往成为"把门虎",在家里横行霸道,到外面胆小如鼠,造成严重性格缺陷。

### ☙ 害怕哭闹

由于从小迁就孩子,孩子在不顺心时以哭闹、倒地、不吃饭来要挟父母。溺爱的父母就只好哄骗,投降,依从,迁就。害怕孩子哭闹的父母是无能的父母;打骂爸妈的孩子会变成无情的逆子,在性格中播下了自私、无情、任性和缺乏自制力的种子。

### ☙ 当面袒护

有时爸爸管孩子,妈妈护着:"不要太严了,他还小呢。"有的父母教孩子,奶奶会站出来说话:"你们不能要求太急,他大了自然会好;你们小的时候,还远远没有他好呢!"这样的孩子当然是"教不了"啦!因为他全无是非观念,而且时时有"保护伞"和"避难所",其后果不仅孩子性格扭曲，有时还会造成家庭不睦。

以上的实例虽不是每个家庭全部都有的，但是一般家庭在各种溺爱中会占有几种，或各种都有轻度表现也是值得警惕的，妈妈要和家中的其他人都要形成一种共识，要以科学的爱来保护孩子的健康成长。

## 妈妈溺爱，孩子易出现攻击行为

孩子在婴幼儿阶段会出现抓人、咬人、撕毁物品、破坏东西等行为，其实孩子此时并没有"恶意"，他们只是本能的发出其需求信号，但是，如果做妈妈的处置不当，则容易形成不良影响。

妈妈要教会孩子懂得接纳和宣泄自己的情感，通过正当渠道把自己的烦恼、愤怒宣泄出来，尽可能将攻击行为降到最低限度。

丁辉一直为自己的坏脾气而苦恼。在他的记忆里，每当别人不同意自己的观点或者质疑自己时，自己便会恶语相向，有时甚至会有身体冲突，过后又会后悔不迭，回头道歉。但是时间长了，大家都对他都是敬而远之。

经深入沟通得知，妈妈由于工作繁忙，无法亲自照顾丁辉，为了补偿孩子，妈妈从小就对他非常溺爱，无论孩子提出什么要求都尽量满足。而且，一旦出现不能满足的情况，妈妈总会说"怪妈妈，来，打妈妈"，于是，小丁辉便在挥舞着小手打向妈妈的过程中慢慢平静下来。

小时候，丁辉经常抢周围小朋友的玩具，小朋友不给，便会强取，同时根本不管对方的哭泣，还要对小朋友踩上一脚。妈妈也觉得孩子出现这种状况属于正常，并未放在心上，总觉得孩子长大了就会自然变好了。

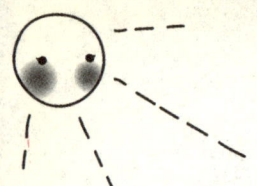

### 解析：幼儿期得到过度满足与关注让他充满攻击性

当父母给孩子过多的关注和过度的保护时，伴随着孩子的成长，他们容易变成为自私、冷酷、怀疑他人的人，不能与别人建立良好的人际关系，不懂得爱。不能对别人感情给予回报，对亲密关系感到不舒服。由于相对冷酷和过度以自我为中心，他们在遇到挫折时就会表现出攻击性。

#### 妈妈的溺爱让他形成错误的认知模式

美国心理学家班杜拉在他的社会学习理论中指出，像其他的行为一样，攻击行为是学会的。之所以如此，在于攻击行为的获益性，也就是说，通过攻击行为可以获得自己需要的满足。

丁辉的幼儿时期得到一种过度的满足和关注，这造成丁辉的自私和"冷酷"，他可以随便抢别人的玩具，这里的攻击是一种索取，以此满足自己。当自己不能满足时，妈妈的做法是"怪妈妈，来，打妈妈"，然后他在"打妈妈"的过程中平静下来。这种做法会让丁辉在认知上形成一种归因模式：自己的不满足或者挫折都是别人造成的，以攻击解决是理所当然的。

溺爱型的父母完全以孩子为中心，甚至会提前和过度满足孩子的需求，对孩子的需求有求必应，甚至达到放任、姑息和纵容的地步。因此，丁辉的认知模式是："我的需要必须是要得到无条件满足的"、"我不需要去争取满足"、"别人总会发现我的需要并顺从我"……这种模式会造成丁辉无法应对"延迟满足"，如果有延迟或者受挫，那一定是由于别人的错或者是客观原因导致的，于是便会出现攻击行为。

#### 孤独和焦虑让他产生攻击行为

妈妈因为工作忙碌对丁辉放任的态度，令其真实的心理需求无法得到满足，这会让他产生孤独和焦虑的感受。而攻击行为可以缓解焦虑，减少孤独。当丁辉去抢周围小朋友的玩具时，妈妈采取的是放任的态度，缺乏适当引导。但是，孩子是不会天生知道是非观念的，这需要社会教化。放任意味着孩子的攻击行为是被容许或默认的，是"合理"的。

班杜拉认为，孩子的成长主要通过对重要人物、榜样的模仿学习进行，而父母尤其是妈妈，是孩子的第一个也是最重要的榜样人物。放任不是一种积极的做法，没有互动，没有良好榜样，没有重要人物的评价，这会挫伤孩子的情感需要。事实上，有时候攻击可能是孩子寻求互动的方式之一，但却经常被忽略。丁辉不能容忍别人不同意自己或质疑自己，口舌相向甚至拳脚相加之后，又是道歉，说明内心是冲突与孤独的，而大家了解他后的敬而远之，又会加剧这种孤独感。

### 建议：用接纳和理解化解孩子的攻击性行为

#### 教孩子接纳和宣泄自己的情绪情感

烦恼、挫折、愤怒是容易引起攻击行为的情感，对于自控力弱的孩子来说，它也是点燃攻击行为的导火线。因此要教会孩子懂得接纳和宣泄自己的情感，通过正当渠道把自己的烦恼、愤怒宣泄出来，尽可能将攻击行为降到最低限度。

例如，在玩具被别人弄坏时，小宁经常会以吵架、哭闹、生气及攻击性行为等方式表达自己的不满情绪。妈妈搂住小宁轻声道："我知道，你的玩具坏了，你很生气。"小宁稍微平静了一些后，妈妈设法让小宁明白别人不是有意的，玩具修好了仍然能玩。同样，妈妈对弄坏玩具的孩子说："你看，他多伤心，下次玩时要小心些。"这样的调解，使双方努力去理解对方，从而减少了攻击行为。

#### 去除攻击行为的奖励物

妈妈要识别并去除攻击行为的奖励物，这样可减少儿童攻击行为的发生。如嘉嘉和莎莎在一起画画，嘉嘉抢走了莎莎的蜡笔。对嘉嘉来说，蜡笔就是攻击行为的奖励物。这时，妈妈要让嘉嘉把蜡笔还给莎莎，以消除嘉嘉攻击行为的奖励物。如果不把嘉嘉手里的蜡笔还给莎莎，就等于鼓励

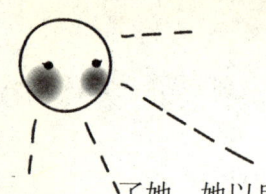

了她，她以后还会去抢别人的东西。

同样，如果孩子打了人，妈妈不制止，打人就成为攻击行为的"奖励物"，使孩子觉得打人并没有什么不对，以后还可以去打别人。所以，当孩子出现攻击行为时，妈妈要查明原因，及时处理，态度鲜明，使孩子认识到什么行为是错的，应该怎样做才对。

### 引导有攻击行为的孩子换位思考

孩子身上的偶然性攻击是非常普遍的现象。这种攻击是无意的，但却可能对别人产生伤害。如儿童无意中踩了别人的脚，弄坏了别人的东西等等。对这类攻击性行为，妈妈主要要让孩子明白攻击的行为后果，并掌握道歉的语言技巧。如强强在玩耍时撞倒了莹莹，妈妈就及时引导强强观察莹莹的表情，理解莹莹的感受。强强说："莹莹哭了，看起来很疼。"妈妈便对强强说："你把她弄哭了，你伤害了她"，同时要求强强向莹莹道歉。

对于有攻击行为的孩子，家长首先要给孩子指出，攻击行为会给别人带来痛苦，导致严重后果，引导孩子想象受害者在受到攻击后的感觉和心情。然后再让孩子换个位置想象，如果你是受害者，你将会有怎样的感觉和心情呢？这种方法能让孩子从本质上消除攻击行为。

## 要知道，没有尊重的爱也是一种伤害

美国人杰克·甘菲德在他的作品中讲过这样一个故事：

我隔壁邻居大卫有个7岁的儿子叫克里。一天大卫教克里如何在花园草坪上使用割草机除草。当他正教儿子在草坪的尽头如何转弯时，他的妻子简叫他过去问事情。当大卫去回答简时，克里推着割草机，穿过草坪，一直到花坛……花坛上留下了一条两尺宽凹槽。

当大卫回来看到发生的一切后，他禁不住气恼。大卫花了很多时间和精力照养花坛，邻居都很羡慕他的这个漂亮的花坛。当他正准备对儿子发泄怒气时，简很快走到他身边，把手放在大卫肩膀上，对他说："大卫，请记住——我们在养小孩，不是养花。"

孩子和花，孰轻孰重？这是一个不言而喻的问题，花朵被剪掉了还可以再长，花坛坏了还可以再修，而童贞心灵一旦受到伤害，就可能一生都无法痊愈。

为了花或者为了某些东西而伤害孩子，本末倒置的事情我们作为父母又做过多少呢？

对于父母来说，尊重孩子似乎是一件很难做到的事情。尤其是对于职场妈妈来说，她们没有时间也没有精力去思考孩子为什么变得越来越难管教，只是一味地自责是自己很少陪孩子才导致孩子出现了如此多的问题，但是她们不知道的是，教育孩子不在于时间的多少，关键是看你有没有找对切入点。

毫无疑问，每一位父母都深爱自己的孩子，但有多少父母真正的尊重孩子呢？很多父母在以爱的名义行使着自己享有的权利时，往往就容易忘记孩子的权利。所以，父母在给孩子表达关爱的时候，要特别注意尊重孩子，没有尊重的爱是一种伤害。

妈妈们是否想过，天下有哪一个孩子不希望自己进步呢？哪个孩子不盼望得到父母的欢心呢？却不知为何，总有一股强大的力量，让他们身不由己，就像一座座大山挡在面前，弱小的他们只能望山叹息却无法翻越，这座大山实际上就是父母对孩子的不尊重。孩子的兴趣与爱好是他美丽人生的幼芽，是他灿烂梦想的尝试，剥夺了他的这种权利是很残忍的，也是很愚蠢的，即使他的兴趣与爱好很可笑，父母也应当尊重。

有句话说得好："教育不能没有爱，没有爱就没有教育。"而尊重孩子是

教育和爱的前提。父母尊重孩子、并引导孩子珍惜自己的权利时，真正有益的教育才开始。在尊重孩子的基础上去教育孩子，关爱孩子，才能正确处理孩子的错误，赢得孩子的爱戴。

世界著名教育家马卡连柯曾说过："我的基本原则永远是尽量多地要求一个人，同时也要尽可能多地尊重一个人。"这句名言值得我们做父母的永远反思。

## 期望过高，孩子也会透不过气来

职场妈妈生怕自己的孩子在教育程度上落后于人，怕别人说自己没时间教育不好孩子。因此，相较于全职妈妈，职场妈妈对自己的孩子期望更高，也更容易给孩子造成一种负担。

"扬扬，把电视关了，跟我到书房来，你看妈妈帮你买了一套小百科，内容很不错哟！快来看。"

妈妈一下班回来，就催着正在看电视的扬扬，一边喊一边进书房去了。电视里的金刚战士和大坏蛋正打得难分难解了，扬扬根本没听到妈妈的话。

三分钟之后，妈妈从书房出来，"啪！"的一声把电视关了。

"妈妈，你怎么这样啊！"扬扬真是快气疯了，本来他想冲到前面去打开电视，可是一抬头看到妈妈那张脸，他知道大事又不妙了。

"妈妈专程跑到书店去帮你买了一套小百科，大老远地扛回来，你连看都不看，就只会看卡通，卡通有什么好看？看卡通以后考试会考100分吗？"

妈妈越说越生气："妈妈以前小时候都没有这些书可以看，你真是身在福中不知福，我希望你将来比我好，所以……"

哇！好惨，妈妈又开始了，5岁的扬扬虽然不能完全听懂妈妈的话，像妈妈常说的"100分"是什么东西？"身在福中不知福"又是什么意思？听起来好像是绕口令。还有，妈妈为什么老是说要我比她好？如果我比她好，是不是应该我当妈妈呢？不过可以确定的是，他从妈妈说话的语气和表情就知道妈妈在生气。

以前妈妈一生气，扬扬就很害怕，现在看多了就不怎么怕了。可是，他很不喜欢妈妈常买一些他看不懂或是他觉得不好看的书，因为妈妈只陪他看一会儿，就叫他自己看，他实在不知道那些书有什么好看的，还不如金刚战士、超人来得精彩。但如果不看，妈妈又会生气，只好偶尔去翻一翻，让妈妈高兴，还好妈妈很忙，没有太多时间管他，不然日子可就难过了！

"望子成龙，望女成凤。"毫无疑问，绝大多数妈妈都期望自己的孩子能够学到更多的东西，能够在将来出人头地。这本身无可厚非。

期望是一种有信心的等待，父母对孩子寄予期望，是一种信任，有利于孩子增强自信心、进取心，是进步的动力。同时，如果孩子也对父母爱戴，愿意以实际行动取悦于父母，让父母满意，这就会促使孩子自觉地经常地将自己的实际表现同父母的期望联系在一起，并努力达到平衡。

父母对孩子抱有期望，就不会放纵孩子或袖手旁观，就会努力为孩子创造条件，及时督促，具体帮助，加强指导，不断激发孩子的上进心。父母的期望是一种积极的态度，对孩子来说是一种促使孩子努力向上的精神环境，是潜在的动力。而对孩子不抱有任何期望，是一种不负责任的态度，客观上对孩子起着压抑的作用，这是不可取的。

但是，父母应该明白，如果对孩子期望过高，以至脱离孩子的实际，就不仅不会起到积极作用，反而很可能会毁掉孩子。原因在于父母对孩子的期望太高，会造成孩子很大的心理压力，有的孩子会拼命地遵照父母的期待去努力，也许真的能使父母如愿，可是父母的期待会愈来愈高，孩子

只有愈追愈辛苦了；另一种孩子不管怎么努力都做不到父母的要求，干脆放弃算了，最后和父母的期待相去太远了，当然亲子间的关系也就很难维持了；还有一种孩子其实他可以做得到，但是因为父母的态度令他产生反感，他会为反对而反对，故意不依父母期待的方向去走，这实在是可惜而又可叹。

父母希望孩子过得好，希望孩子幸福、富足和成功并不是错，但是标准要依孩子的实际情况而定，超过孩子能力范围太多的，使得孩子一生都在追求那个可望不可及的目标，让彼此都过得很痛苦，就实在是太可怜了。

逼子成龙，龙就会变成虫。正像法国诗人海涅所言："即使种下的是龙种，收获的也可能是跳蚤。"所以说，父母千万不能脱离孩子的实际，人为地给孩子施加强大的压力。

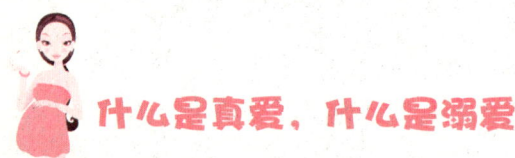

## 什么是真爱，什么是溺爱

什么是真爱？什么是溺爱？严格掌握教育原则，允许孩子在正常界限范围内自由地、舒畅地活动、成长，锻炼能力，充分发挥他们各自的潜在力量，形成朝气蓬勃、积极向上、性情开朗、活泼愉快的良好性格，教育成果是卓有成效的，这就是真爱。如果父母娇生惯养孩子，任凭他超越正常的界限范围，随心所欲，为所欲为；或者限制太严，干涉过多，这也不许，那也不行，压制了孩子好奇好动的特点，扼杀了孩子的兴趣和积极性，形成以我为中心、自私、任性、懦弱、胆小怕事的消极情绪，造成严重的不良后果，这就是溺爱。真爱和溺爱都会影响终生，这一点应该引起每一位父母的注意和重视。

### ❧ 真爱孩子的父母培养孩子的自理能力

真爱孩子的父母往往从孩子两岁半开始，通过日常生活，耐心地教会孩子力所能及的自我服务事项；三岁时，孩子能够自己穿脱衣、裤、鞋、袜，并会解衣扣、鞋扣，会系衣扣、鞋扣。这样孩子往往喜欢动手动脑，做事积极主动，自理能力强，还能主动帮助其他人做些力所能及的事情。溺爱孩子的父母往往过分地娇宠孩子，怕孩子遇到困难，怕孩子受累，为孩子承担着一切，总是包办代替，孩子说："我自己来"，父母却说："你不行"，总是不让孩子动手，剥夺了孩子锻炼自理能力的机会，阻碍了孩子手、脑和眼睛协同发展的机会。这样往往造成孩子自理能力很差，显得笨手笨脚，容易产生自卑感，遇事爱依靠他人，缺乏积极主动精神。

### ❧ 真爱孩子的父母培养孩子合群友好

真爱孩子的父母设法为孩子寻找同伴，请他们来家做客，热情招待，共同玩玩具，或到别人家去和同伴一起玩，来往亲密，建立友谊。这样孩子能学会待人友好亲热，喜欢集体，见识宽广，健康活泼，也有利于语言的发展。溺爱孩子的父母总怕自己的孩子受欺负，阻止孩子寻找同伴，又拒绝别的孩子来家中玩，甚至不愿把自己孩子的玩具给别的孩子玩，把孩子关在家里，一人独玩。这样的孩子往往在家里非常淘气，出门却十分胆小，怕生，不爱讲话，不理人，孤僻不合群。

### ❧ 真爱孩子的父母培养孩子勇敢精神

真爱孩子的父母有目的有意识地培养孩子勇敢大胆，只要是孩子力所能及的事，都放手自由活动，如：带孩子到公园，任他自由地跑、跳、攀登、荡秋千、滑滑梯等。这样的孩子勇敢，朝气蓬勃，见识广，能力强，兴趣广泛，积极进取，健康活泼。溺爱孩子的父母对待孩子的态度是"捧

在手里怕摔了，含在嘴里怕化了。"时时在担心，处处怕危险，对孩子的干涉过多，这也不许去那也不许做，束缚了孩子的思想，限制孩子的活动。这样的孩子表现怯弱，胆小怕事，不敢攀登，不敢下楼梯，生活能力和学习能力都很差，对事物缺乏兴趣，反应迟钝。

### ❧ 真爱孩子的父母培养孩子尊敬意识

真爱孩子的父母对孩子既有严格的要求，同时尊重孩子的想法，只要是对的，就尊重孩子的意见，与孩子平等相待，互相尊重，和睦相处，民主气氛浓厚形成民主型的家庭。这样的孩子对成人有礼貌、尊重他人的意见，能按成人要求去做。溺爱孩子的父母缺乏原则性，对孩子没有严格的要求，孩子想怎样做就怎样做。孩子不如意就大哭大闹，倒地打滚，父母往往心软，迁就了之。这样，孩子掌握了父母的弱点，常以哭闹相要挟，对父母没礼貌，不尊重父母，不听父母的话。

### ❧ 真爱孩子的父母培养孩子不挑吃穿

真爱孩子的父母根据儿童身体发育的需要，供给适量的肉、蛋、蔬菜等营养丰富的食物，培养定时定量地进餐，做到不挑不剩，不暴饮暴食。这样孩子身长体重正常增长，身体健康，有良好的饮食习惯，从不挑食。溺爱孩子的父母总怕孩子营养不够，鸡鱼蛋肉无限制地吃，既不定时，又不定量。这样使孩子严重偏食，营养失调，身长体重不达标，体弱多病，影响孩子的正常发育，对健康带来严重的不良后果，也给父母带来许多烦恼。

## 别对孩子过度保护，经历风雨才能见彩虹

如果你了解犹太人教育的话，其中一句话就很好地概括出犹太人对养育子女的观点："父亲有义务教会子女学游泳。"犹太智慧认为，子女并不属于我们。他们是上天的礼物，也是上天的借贷，而父母对子女是要承担责任的。我们的责任是培养子女直到可以离开我们，子女的责任则是找出自己人生的道路。假使他们在家庭的温室里老是受到细心的保护，就会变得懦弱、胆怯或是苟安而不肯离开家。

随着独生子女的增多，二十多年来，细心的父母们越来越关注子女的生活。尤其是职场妈妈，不管她们工作上压力有多大，家务活有多繁重，子女的问题始终是她们最主要的关注点。可是，她们并没有享受和子女在一起的时光，而是成天烦恼和忙于处理子女的各种事情。

孩子都已经五六岁了，还是和妈妈一起睡，这是典型的为人父母方式较极端且自然的延伸。也许你经常会在肯德基的店里看到这样的画面：妈妈一手拿着可乐，一手拿着汉堡，旁边的孩子吃一口妈妈喂一口。又或者全家去郊游，孩子两手空空，做父母的却是大包小包地拎着，走得满头大汗……这些父母全都不肯让孩子独自走过街角，或者不许他们在未经父母过目的情况下把家庭作业交给老师。

父母关心爱护孩子无可非议，但这些家长设法要做的已经远远超过了支持和鼓励的范畴。他们想给子女打预防针，免除人生的痛苦。希伯来语中有句俗语，讲的是养儿育女时无所不包的辛苦。为人父母需要经历多

年的情感煎熬,但无所不包的辛苦同时也指子女成长的不易。少了这份不易,孩子们就没法茁壮成长,也就学不会游泳了。而慈父爱母的保护却向子女传递了一种信息:离开了父母的保护,孩子是无法独自学会游泳的。

当龙龙的老师因为他的英文只得了及格而不允许他参加学校戏剧表演,他妈妈要去跟校长理论时,龙龙说:"我不懂妈妈为什么要去跟校长理论,这本来就是老师的规定呀。"龙龙母亲的做法给孩子传递了一种对世界不合实际的印象。要知道,龙龙以后的人生道路还很长,他将来的教授、同事和老板并不会给他特殊照顾。当玥玥因为没有受邀参加咪咪的生日派对而感到难过时,玥玥的妈妈打电话给咪咪的爸爸想问个究竟,玥玥妈妈的做法是在告诉女儿没有受邀是件灾难,非要进行干预不可。当妈妈们把子女的生活看成是由她们来掌舵的旅行,她们必须把孩子顺利地送到彼岸(成年)时,其实就是在剥夺孩子们的成长机会。

经历风浪乃是上天的一个安排。孩子身处的这个世界,也有许多海峡和隘路之类的艰险。作为父母的我们,都应该相信孩子们自己能够冲破难关,并且敢于抛下自己最熟悉的家庭和安全感。要是我们过度保护他们,就等于是用我们的恐惧在奴化他们。如果我们给他们战胜困难的勇气的话,他们将成为勇敢者中的一员。

## 克服内心的恐惧,试着相信孩子

职场妈妈也有女性特有的杞人忧天的心理,她们过度保护孩子,根源在于内心的恐惧。因为没有时间陪在孩子身边,妈妈害怕子女与陌生人接触,害怕子女一个人去街道,害怕子女交到坏朋友,或是害怕子女没能被

名校录取,害怕子女安全出问题……在抚育孩子的问题上,妈妈们总能提出一大堆关于恐惧的问题:

"孩子要到几岁才可以一个人待在家里?我还在给十三岁的孩子请保姆。"

"我要怎样跟八岁的儿子解释,为什么在餐厅里我不肯让他一个人去上洗手间?我不想告诉他我害怕些什么。"

"我女儿想学体操,但我认为不安全。我听说有位奥运选手在平衡木上受伤而导致一只眼睛失明。"

通过下面这个事例可以说明妈妈传递给子女的害怕在他们心中有多么严重。

某个工作日的下午,妮妮一个人在家,听到门铃在响,她透过猫眼看见门口有一对陌生男女。由于一见陌生人就吓一大跳,妮妮在地板上趴了足足十分钟,而且尽可能整个身子都贴在地板上,不让人从窗户里看到她,等他们走后好打电话叫妈妈。等到妈妈回电话时,她已经筋疲力尽了。

"我妈说,他们是园艺设计师,顺道送一张报价单过来,"妮妮后来回忆道,"妈妈没跟我说他们会来,因为她以为自己会在家为他们开门。但他们来家提前了两个钟头!我永远都不会忘记当时有多么恐惧。"

妮妮的妈妈常常会告诉孩子陌生人有多危险,妮妮的那种极端反应是可以理解的。不过,9岁大的孩子应该能够隔着家中上锁的门,在安全的环境下询问陌生人的来意。妮妮却因为过度惊吓而没有办法清楚地思考。由于媒体报道儿童诱拐的受害经历过多,妈妈让孩子养成了害怕熟人以外任何人的习惯。我们碰到一点风吹草动也喜欢做最坏的打算。这样一来,妈妈只教会了孩子遇事退缩,而不是勇敢应对。

许多父母以为让子女不仅免于肢体方面的危险,更要免除情绪上的烦恼,是自己责无旁贷的事情,许多"安全"行为政策,其目标都是高尚的。所谓的保护孩子,其真实含义是帮助孩子自己处理危机,而非为他们

避开各种风险。过分担心而不让孩子自己走过街区，只会给他们造成严重的意识障碍。要是孩子继续接受这样的教导，估计我们的大多数孩子都无法勇敢，都不会有鼓起勇气的意志，因为即使下定了决心也得不到父母的支持。

弗洛伊德说过，精神分析的目标并不崇高，只是想把精神的苦痛转变成为普通的不快乐而已。所有人一生都应该努力树立良好的人格特质，这些特质中的一项就是承受情绪低落的能力。但是，职场妈妈处于保护孩子的心理却认为，子女应该免于"普通的不快乐"，父母应该保护他们不受痛苦、生气、害怕、挫折和失望情绪的烦扰。根据心理学家和亲子教育专家米利安·阿达汉的说法，孩子需要机会来了解情绪的"波动模式"。如果家长急于解除子女的苦恼，那么孩子就得不到机会知道自己的承受能力和情感愈合能力。

因此，职场妈妈应该撇开那些不必要的恐惧，试着让孩子感受这个真实的世界，毕竟以后的路是他们自己走，父母不可能陪他们一辈子。

## 让孩子离开襁褓，应对生活中的挑战

如果把子女盯得太紧，那么你就成了绊脚石。要是他们没有机会做坏事，也就无法选择做好事。假如他们没有机会失败，也就没有办法学习成功。如果不让他们学会应对恐怖的情形，那么他们长大后就会惧怕生活中最平常的挑战。

当园艺师准备把温室植物移植到户外时，会让它们承受压力从而变得坚强。园艺师会慢慢减少给植物的养料和水分，并把它们暴露在温差更大的环境中,这样一来,植物就能长出更强壮的根系和更粗壮的茎干。尽管父母并不需要剥夺孩子维持生命的必需品,但最好也让他们通过承受压力和处理极端情况得到锻炼,这样孩子可以较好地应对艰苦的环境。

每个孩子都不相同。有些孩子具有比同龄人甚至哥哥姐姐更好的判断力,那么我们可以给这类孩子更大的自由。身手敏捷的孩子能够而且应该比稍逊一筹的哥哥爬上更高的树。敢于冒险的孩子十几岁时就渴望早点脱离父母,而较为胆怯的姐姐或许愿意和父母再多住一阵。看看上天所赐予你的独特的孩子,运用自己最佳的判断力来引导他成长,不要以为任何孩子都太软弱而无法自立。

## 学会放手,别让母爱变成"母害"

妈妈的溺爱,会使母爱变成"母害"。妈妈对孩子的过度保护,会成为一种伤害。孩子的成长需要经历磨难,这是规律。妈妈要尊重规律,不对孩子过度保护。

嘉豪是家里的独生子,妈妈对他是精心照顾,万般呵护。前几天嘉豪踢球的时候,在一次进攻中不小心被一个后卫绊倒,擦伤了膝盖,对方犯规,却说嘉豪假摔,两人吵了起来,还大打出手。老师批评了他们,要求他们写检讨书。回家后,他闷闷不乐。妈妈知道这件事后,找到了学校,和老师理论,还当着同学的面严厉批评了和嘉豪吵架的同学。嘉豪觉得很羞愧,最后竟然选择了离家出走。

高尔基说:"爱孩子是连母鸡都会的事,教育孩子却是一门艺术。"现在存在的社会现象是,妈妈常常过度地保护孩子,母爱成了"母害",完

全背离了教育孩子的初衷。爱孩子是每个妈妈的天性,也是妈妈的责任和义务,关键要看妈妈怎么爱孩子,怎么保护孩子,这不仅是教育方法的问题,更是教育理念的问题。古往今来,能够取得成功的多数是勤奋、经受住磨难的孩子。妈妈希望孩子能够成龙成凤,所以往往会对孩子过度保护,这样只会让孩子丧失自我生存能力,造成孩子终身的隐患。

明智的妈妈,要懂得放手,不对孩子过度保护。被妈妈过度保护的孩子,通常会缺乏责任心,人格也会不健全,不会自己解决难题。遇到问题,只会考虑依赖妈妈或是他人,给别人带来负担。每个人都要体验成长的过程,妈妈对孩子的过度保护,会使孩子丧失体验的机会,变得无能。在过度保护中成长的孩子,只能听到赞美,不能勇敢地面对困难和挫折,也就无法闯出自己的天地。在孩子缺乏自我保护能力的时候,妈妈的保护是必要的,但是孩子一旦具备了自我保护能力,妈妈就要让孩子自由发展。

### 建议一:放手,让孩子自由成长

妈妈喜欢为孩子解决一切困难,但若不教给孩子正确解决问题的方法,孩子下次遇到困难,还是会束手无策,这对孩子的发展是极为不利的。妈妈要学会对孩子放手,让孩子自由成长。给予孩子适当的时间和空间,放手让孩子去经历困难和挫折的洗礼,适时地给孩子指导,孩子将会变得更加优秀。

### 建议二:不要代替孩子做事

妈妈什么事情都为孩子做,带来的是孩子的懒惰、无能。妈妈正确的做法是:孩子力所能及的事情,就不要代替孩子去做。丁丁做完作业,把书包一扔,说:"妈,作业做完了,其他的都交给你了。"平时,丁丁写完作业,妈妈都会帮他先检查作业,再整理书包,还把铅笔都削好。从幼儿园开始,妈妈每天都重复着这项工作。现在,丁丁三年级了,他还是习惯这样喊。

妈妈今天却没有动,她说:"丁丁,从今天起,妈妈不再帮你做这件事了。你长大了,还是自己来吧。"丁丁抬头看了一眼,妈妈的眼神很坚定,她认真了。丁丁见状,只好自己来收拾书本,整理书包。孩子需要妈妈的保护和照顾,但是随着孩子年龄的增大,妈妈的呵护方式也应该有所变化。在孩子的成长过程中,不可避免地要遭遇挫折和失败,妈妈要明确自己的责任,帮助孩子掌握正确的做事方法,让孩子学会自主,而不能简单地代替孩子去做事。

### ♋ 建议三:不要事无巨细地"看着"孩子

孩子需要妈妈的照顾和看管,但并不是要求妈妈寸步不离、事无巨细地跟着。妈妈劳累一天,还要看着孩子做作业、看着孩子吃饭穿衣等,孩子觉得这是妈妈不信任自己的表现,妈妈则会抱怨孩子不理解自己,从而导致亲子间的隔阂。在妈妈的"看管"下,孩子的思维和行动都会受到束缚。妈妈要抛弃"母鸡式"的看管教育方式,让孩子具备独立面对社会竞争的能力和素质。

### ♋ 建议四:培养孩子的独立性

孩子缺乏独立性,适应外界的能力就差,一旦离开妈妈的保护,就会束手无策。妈妈要改变这种状况,就应该从培养孩子的独立性开始。独立坚强、有责任感的妈妈,孩子耳濡目染之下依赖性也不会太强。妈妈要以自身的行为影响和教育孩子,使孩子自觉树立独立意识,逐渐自立。

### ♋ 建议五:减少孩子对妈妈的依赖

孩子对妈妈存在依赖心理,事事都想从妈妈那里寻求帮助,导致了妈妈无法抽身。减少孩子的依赖心理,也就能减少妈妈对孩子的过度保护。

李佳是个胆小的孩子,晚上从来不敢自己出门,做事也畏畏缩缩。孩子年龄小,妈妈只好为孩子做好所有的事情,李佳在妈妈的保护下快乐地生活。可是李佳到了上幼儿园的年龄,妈妈为了让她能更好地适应学校生活,主动在生活中减少了对李佳的保护,鼓励她做自己能做的事。渐渐地,李佳变得勇敢、懂事了,妈妈也觉得轻松了很多。

妈妈要从生活中的细节入手,通过教导和以身作则去影响孩子,使孩子树立独立意识,培养孩子的独立能力。

# 第八章

## 纠正孩子的不良习惯，绝不要奢求"立竿见影"

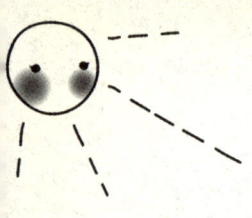

## 吃饭"马拉松"——培养孩子正确的饮食习惯

一位妈妈反映：孩子每次吃饭，都要边吃边玩，一顿饭要花很长时间。为了让他多吃一口，每次都要端着碗追着孩子四处跑。面对这种情况，很多职场妈妈认为正是因为自己忙于工作，孩子才会变得不爱吃饭，导致体弱多病。她们甚至觉得，如果能像全职妈妈那样，每顿饭花上一个多小时的时间为孩子做一些符合其口味的零食或有助于身体发育的食物，孩子的口味就不会变得这么挑剔了。

其实，这种情况跟妈妈上不上班没有多大关系。孩子不肯乖乖地吃饭，与妈妈本身的态度有密不可分的关系。"肚子饿了，便想吃饭"这是每个人与生俱来的本能，如果孩子的肚子真的很饿了，就不会存在不肯吃饭的问题，因此，孩子"拒绝吃饭"的理由多数来自想与妈妈做"权利之争"。

由于妈妈对孩子不肯吃饭的行为不了解及不放心，聪明的孩子们便会抓住妈妈的弱点，以不吃饭作为与妈妈交换条件的筹码。面对这样的问题，妈妈应该具有知道孩子的真正需要及理解孩子的行为能力，如此才能正确地解决孩子不肯乖乖吃饭的问题。

### ❤ 妈妈应该避免的态度

妈妈除了不要让孩子察觉自己对他不肯吃饭的行为产生担心及焦虑的心态之外，也应该避免出现以下的态度：

### 家中存放过多的零食

如果孩子无时无刻都在吃零食，一到应该吃饭的时间，孩子自然就吃不下饭，更严重的会造成孩子营养不良。

### 放任孩子边吃边玩

孩子边吃边玩的结果，便是延长吃饭的时间，等到了下一顿吃饭的时间，孩子却还不饿，当然就不肯乖乖地坐下来吃饭了。

### 不愉快的吃饭时刻

许多的职场妈妈在自己赶着去上班或是工作忙碌的时候，便会不自觉地要求孩子吃快一点，如此便会使孩子对"吃饭"这件事产生不愉快的经历，因而排斥吃饭。

### 以利诱的方式对待

妈妈如果以利诱的方式叫孩子吃饭，久而久之，便会让孩子以"吃饭"这件事当作交换条件，造成孩子错误的价值观。

### 不合理的饮食安排

一日三餐安排不合理，饥一顿饱一顿，在孩子饿了一段时间后，暴食暴饮，结果使孩子在吃下顿饭时没胃口。

## 让孩子喜欢吃饭的秘诀

### "言教不如身教"

小孩子的模仿能力极强，如果大人们本身的饮食习惯不正常，或者常常随便以零食填饱肚子，自然没有理由去要求孩子遵守定时吃饭的习惯。

### 固定的开饭时刻

尽量养成吃饭的时间一到，全家人一同在餐桌上用餐的习惯，并规定孩子须吃完自己的那一份餐，如果孩子不吃完，就算他等一下饿了，也不要再给他任何零食，久而久之，孩子便会养成定时、定量吃饭的习惯。

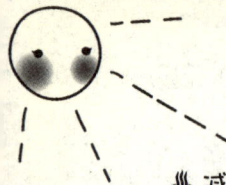

### 减少正餐之外的食物

虽然零食的给予有其必要性，然而却不可过量，尤其垃圾食物尽量不要给予，才能避免孩子因多吃了一些零食，导致"本末倒置"吃不下正餐。

### 促进孩子的食欲

孩子肚子不饿当然吃不下饭，若父母只一味地强迫孩子进食，反而会造成反效果，试着促进孩子的食欲，如：增加他的活动量，他的肚子真正感到饿了，自然不会抗拒吃饭。

### 选购孩子喜爱的餐具

孩子都喜欢拥有属于自己独有的东西，替孩子买一些图案可爱的餐具，可提高孩子用餐的欲望，如能与孩子一起选购更能达到好效果。

### 多花心思在菜色上做变化

在饮食均衡的条件下，父母可以多种类的食物取代平日所吃单纯的米饭、面条。例如：有时以马铃薯当成主菜，再配上一些蔬菜，也能拥有一顿既营养又丰盛的餐点。

### 让孩子参与做饭的过程

例如：上市场买菜、帮忙提回家、一起清洗蔬果……甚至可询问孩子的意见，请孩子协助您一起做饭，孩子不但能有参与感，同时也能因而了解做一道菜之前的每样步骤，进而更喜爱吃饭这件事。

### 为吃饭增添趣味性

在喂孩子吃饭时，加入一些轻松、活泼的语气，让吃饭不再只是吃饭而已，将吃饭时刻与方式变成有趣的事情。其实在孩子的成长过程中会碰到很多问题的，关键在于如何解决，不要随意的根据自己或孩子的需要而改变什么。

## "抢"玩具——教孩子谁的东西谁做主

很多职场妈妈因为陪孩子的时间有限,因此会替孩子买回大量的玩具供他们玩耍。自己去上班,孩子也有的玩了,可很快地,她们又会发现新的问题:孩子放着自家的玩具不玩,总是抢别人的玩具。苗苗的妈妈最近就为此苦恼不堪。

随着年龄的增长,苗苗对周围的人和事越来越感兴趣。因为现在家里都是一个孩子,爸爸妈妈特别注意苗苗的社交能力的培养,交代阿姨每天都要带苗苗下楼跟小朋友玩儿。近几天,阿姨天天回来告状:"苗苗现在老抢别人的玩具,小朋友都有些怕我们了。见我们来,还有躲的呢,怕受苗苗欺负。"

原来,苗苗最近开始对别人的新东西特别感兴趣,见了喜欢的,就马上过去抢。大多数情况下,别的家长都会主动说服他们的孩子,把玩具让给苗苗玩儿,这样一来,苗苗很容易地就有了多次成功的体验。偶尔会出现一个抢、一个抱着不撒手的情况,最后也总是搞得两个孩子都哭哭啼啼地。久而久之,一些大人就不是很愿意让他们的孩子跟苗苗玩儿了,阿姨和苗苗在小区里玩时显得很孤单。

其实,苗苗在这个年龄爱抢别人的东西是很常见的现象。别人的东西多是新鲜的,自己没有的,苗苗当然想要啦!怎么办呢?当然是拿来主义了。这是一种以自我为中心的本能的行为,并没有任何恶意。尤其是比苗苗更小的孩子出现这种现象,就更正常了,妈妈也不必太紧张,也不要简

单地下结论：这孩子以后就一定会很霸道，肯定不招人喜欢。重要的是妈妈一定要善于利用这种时机，教会孩子如何通过积极的方式得到想要的东西，并获得友谊。这具有很深远的意义，它是贯穿我们一生的一个主题！

### ❣ 面对这个问题，妈妈应该注意些什么呢？

问题的关键在于让孩子懂得：自己的东西自己要做主、别人的东西应该由别人来做主。这是孩子学会与人相处的很重要的一步。学习这个抽象的概念比学习苹果、香蕉等有具体形象的东西困难很多。因为孩子尚小，思维能力还处在以直观行动思维与具体形象思维为主的时期，抽象思维能力几乎还处在一个基础的萌芽阶段，妈妈需要了解这一点，指导孩子的时候就能理解孩子而且会有耐心了。具体来讲，可以把它分成四个不同的教学阶段来进行：

#### ♨ 孩子首先要学会支配自己的东西

自己的东西，由自己支配，自己有权做主是否借出。妈妈可以在家里预先与孩子做互借东西的游戏，刚开始时妈妈可以多做做示范：通常情况下都借出，偶尔不同意并解释是因为自己特别喜欢的缘故，另一方也要表现出理解和接纳的态度，现场表示放弃。之后就可以和孩子做这个游戏了，孩子通常情况下也会借出的，如果孩子不同意，我们会发现大多也是因为孩子特别喜欢的缘故。

#### ♨ 想获得别人的东西时学会事前征得别人的同意

别人的东西，由别人支配，获取前需征得别人的同意。

细心观察孩子在群体中的活动，当发现孩子有动手抢别人东西的欲望时，要及时告诉他拿别人的东西要征得主人的同意。就想自己对自己的东西有权做主一样。比如说：苗苗的阿姨就可以在发现苗苗想抢别人玩具前及时跟他讲："苗苗，我知道你喜欢这个玩具。但这是贝贝的，我们问问她可不可以借给咱们玩儿一下。"当然了，妈妈需要根据自己孩子借物能力发展的不同阶段来给予不同的帮助。不会说话或没有经验的孩子，家长可以帮助他跟对方说出来，若有了一些经验之后的孩子，家长可以在提示他以后让他自己去问对方。

**采用交换或轮流等方式与别的孩子分享**

我们还可以教给孩子一些具体的技巧，让小朋友之间的交往更轻松愉快。比如，每回出门时，阿姨可以让苗苗带一个不常见的玩具让他与别的小朋友交换，通常也很容易获得成功。

**告诉孩子别的小朋友为什么不给他玩具，让孩子在即使没有得到也能在理解的基础上获得心理平衡，转而去寻找别的感兴趣的事与物。**

虽然孩子喜欢"抢"别人的东西是很常见的现象，但这种行为会导致孩子成为不受欢迎的人，容易受到群体的排斥，严重的还会使孩子出现对抗性的人格特征。所以妈妈们可千万不要忽视，因为孩子最初在与同伴交往时需要及时有效的指导，否则，一旦次数多了形成思维定式，要调整就困难了，妈妈要做的就是抓住时机，教孩子与同伴交流的技巧与策略。

## 家里有个"电视迷"——控制孩子看电视的时间

辛辛苦苦在公司里忙了一整天，下班后还要急急忙忙地为孩子张罗饭菜，而孩子却在你的身后跟过来跟过去，不停地问这问那，此时，也许职场妈妈说得最多的就是："孩子，去，先看会儿电视，妈妈一会儿忙完就去陪你。"久而久之，孩子就变成了一个小小的"电视迷"。只要睡醒了，孩子就会要求打开电视机，哪怕是吃饭和玩玩具的时候，他的眼睛也会不时地

瞟一眼电视，时不时地就会要求看上一会儿。面对孩子对电视的痴迷，妈妈也十分苦恼，可又无计可施。

我们都知道电视不仅损害孩子的视力和听力，而且影响孩子正常的生活和学习。其实，电视对孩子的伤害还远远不止这些。

### 长时间看电视对孩子的身体发育造成不良影响

原本活泼好动的孩子，一旦迷上电视后，在电视机前一坐就是一两个小时，这不仅对眼睛，还对身体有很大的伤害。消化功能不好的孩子，长时间坐着不动会产生厌食，不利于生长发育；而消化能力很强的孩子，吃饱后坐着不动，久而久之就会发胖。

### 长时间看电视影响孩子的脑发育

有些父母认为，经常看电视的小孩会模仿电视中人物的动作、语言，甚至还看得懂剧情，看电视会使孩子变得更聪明。其实，这是一个很大的误解。专家指出，人对物体有认识，是因为脑细胞受到重复的刺激。但是电视画面难以重复刺激婴幼儿的脑细胞，反而会令婴幼儿的脑神经回路产生异常，长此以往，孩子的注意力难以集中。

### 爱看电视的孩子不爱读书

电视对孩子有着极大的诱惑力，其鲜艳的色彩、变化的画面、动听的音乐不断地刺激孩子的大脑，所以爱看电视的孩子对有着单调的画面、枯燥的文字的书本就失去了兴趣。但是，电视所传播的信息大多是片断式、跳跃式的，孩子从中只能得到一些零碎的、不系统的知识，长期这样，孩子的想象能力、创造能力必然会受到约束，最终导致孩子对读书、学习不感兴趣。

### 爱看电视的孩子社会交往能力差

孩子把大量的时间用于看电视，那么他与外界交往的机会就大大减少。长时间独处，终日与电视为伴，会使孩子的心理发育产生障碍，长此以往，孩子容易从小养成孤僻的性格，更为严重的还可能产生自闭等问题。如不及早纠正，这种不良影响会一直伴随孩子，直至孩子长大成人，令他们难以融入社会、适应社会。

专家指出，3岁前是孩子各方面成长发育的关键时期，此阶段应注重培养好的性格和爱好。鉴于电视对孩子的不良影响，专家建议，1岁以内的孩子应该杜绝看电视；1~3岁的孩子要控制看电视的时间，每天看2次，每次不超过15分钟；学龄前（7岁前）的儿童应尽量减少看电视的时间，每天看电视的时间不要超过0.5~1小时。可是，对于足不出户、视野狭窄的孩子们来说，电视机里那一方色彩缤纷、丰富多彩的世界实在是比身边的生活生动得多。面对毫无道理可讲的孩子，怎么才能把他从电视机前劝开呢？

## 家有"电视孩子"的家长的解决办法

### 要限制观看的时间

对于年龄还小的孩子，尽量不让他看电视。如果你的确打算允许他看电视，就把他看电视的时间分成一个个1~15分钟的时间段。超过这个时间，他的小脑筋就会走神了。在孩子稍微大一点后，把他每天看电视的总时间限制在1个小时内，这个时间对一个活跃的孩子来说，已经很长了。观看时，孩子所坐位置应距屏幕两米以外，而且，为了不让孩子过度沉溺于电视节目，应时常性地与孩子搭话，借以分散孩子的注意力。

### 只允许孩子在限定时间中观看电视

最好限定孩子一天之内只看一次电视，为此，妈妈可以与孩子一同制定"观看时间表"，并在允许孩子观看影碟和电视的时间栏中涂上颜色。如果孩子不遵守时间约定，一定要让孩子为之付出相应的代价，例如，惩罚孩子翌日不准观看电视节目，或减少其观看电视节目的既定时间。但是倘若孩子如约遵守时间规定，则应予以大力表扬并送出礼物。

### 选择平和、安静的节目

观看节奏较慢的节目，让孩子有时间思考他正在看的内容，吸收其中的信息。大量胡乱的动作，比如武打、探险动画片里的那种节目，只会让

孩子迷糊。此外，一些研究显示，观看电视上的暴力镜头的孩子更可能表现出攻击性行为。还要避免吓人的节目，选择强调互动的简单节目。能够激发孩子发出声音、说话、唱歌和跳舞的节目最好了。

### 尽量和孩子一起看电视

近期的一项研究观察了三个组的孩子：一组能够不受限制地看电视；一组看电视时间适度，但没有家长陪伴；还有一组在家长的陪伴下适度看电视。最后一组孩子比其他两组孩子的学习成绩明显要好。陪着孩子就等于告诉他："你的一举一动都对我很重要。"当然，我们都会有不得不把电视或DVD作为孩子的"保姆"的时候，但如果你把孩子长时间留在电视前面，就等于向他发出"你不在乎他看什么的"信号了。如果可能，妈妈就带着需要叠的衣服或其他活儿到孩子看电视的房间里，这样你就能边干边看了，看电视也就变成你们俩一起享受的活动了。

### 将不可以多看电视的理由向孩子加以说明

孩子对于不可以多看电视的原因不甚了解，因此妈妈有必要使用孩子易于理解的话语，向其解释为什么不能够多看电视。

妈妈可以告知孩子"过多观看电视会使我们的智慧逐渐减少，最后也许会导致我们无法独立做出思考"、"你看电视时，妈妈会感觉电视将你从妈妈身边抢走了一般，心情十分糟糕。"通过此法将看电视的种种弊端逐条向孩子加以说明。另外，也可以采用下述语言，将孩子沉迷于电视时妈妈的感受坦率地告诉孩子。

"妈妈因为白天要上班，没法见到你，所以一下班便想立刻跑回家抱抱你，可是如果你的眼睛只盯着电视，妈妈就会觉得很不是滋味。"

"妈妈想听你说说从早到晚你都玩了些什么，也想告诉你一天里妈妈都遇到了哪些事情，可是因为你只专注于电视，妈妈根本就没有时间说，这让妈妈感到很伤心。"

"每次见到你因为看电视不认真听妈妈讲话，一副爱理不理的样子，妈妈都会感到很生气。"

**❀ 让孩子多接触有助于培养其想象能力的书籍和录音故事**

通过为孩子朗读书籍或播放童话磁带，能够使孩子将注意力转移到他处，在防止孩子看电视成瘾的问题上，这堪称是一个不错的方法。与用双眼看电视相比，通过耳朵去听音乐或童话故事，对于培养孩子的想象能力及语言表达能力会有更大帮助。当然，初时习惯于看电视的孩子会感到异常无聊，并对之加以抱怨，不愿继续收听录音故事。这时，妈妈不要因此感到慌张，也不要轻易放弃，可逐渐减少孩子看电视的时间，同时等量增加其收听录音的时间，借以转化孩子的兴趣。

## 玩具从来不收拾——教孩子自己的事情自己做

短短一分钟，孩子就把一大箱玩具扔了一屋，等他玩儿过了，就拍拍屁股走人，留下一堆玩具等别人来收拾。这样的场景，可能每个家长都记忆犹新吧！尤其是作为职场妈妈，本来上班就够累了，回到家还要收拾这一地的残局，想想这该有多抓狂。

究其原因，是由于幼儿在家里没有养成良好的整理玩具的习惯。妈妈认为孩子年龄小，能力差，样样事情都代为包办。有的妈妈即使提出让孩子自己整理的要求，但看到孩子那笨手笨脚的样子，也会感到不耐烦，边唠叨边替他整理。也许，有的妈妈认为通过嘴巴讲，也能让孩子明白道理。殊不知，久而久之，会助长孩子的依赖心理，事事甩在一边等别人去做，没有责任感。

有这样一则寓言故事：主人发现猫在偷吃家里的鱼，十分不满，于是

对猫说了一大堆教育的话，那只猫边吃边听，等主人教育完，猫也把鱼吃光了。这个故事告诉我们：光说教没有用，还要用行动去阻止，阻止不好的行为，帮助养成良好的行为习惯。实践能使孩子印象深刻，实践能让孩子逐渐养成习惯，实践使孩子具有根深蒂固的行为意识，从而让孩子经历一个从不自觉到自觉的过程。因此，我们必须阻止孩子把事事扔在一边的不好的行为，让孩子去做，去收拾整理，尽管开始时效果不太好，但没关系，重要的是摆脱了孩子的依赖心理，培养了责任感。

那么，如何让孩子主动去整理玩具呢？如何让孩子经历这个从不自觉到自觉的过程呢？

### 利用范例和榜样，培养孩子良好的行为意识

在日常生活中，创设情境，利用故事、儿歌、表演等形式，让孩子知道：整理物品是具有责任感的表现，能够受到大家的赞扬。家中及时表扬收拾整理物品的人，给孩子树立良好榜样，使幼儿产生良好的行为意识，促使幼儿自觉地进行模仿。

### 化枯燥为娱乐，把收拾玩具当作游戏来完成

纯粹的收拾、整理比较枯燥，幼儿往往兴致不高，如果把它设计成游戏的形式，幼儿就会十分乐意去做。比如：在玩具箱子上贴上小图画，贴上动物园的画表示放长颈鹿、狮子等小动物，贴车库表示放小汽车等，借机让孩子学习分类、归属；家长带头和小朋友比赛收拾玩具，"送玩具回家"，慢慢地过渡到孩子之间进行比赛。这样，通过生动的语言、有趣的形式，孩子的兴致提高了，就会主动融入到活动中来。

### 带领孩子观看整理后的玩具，培养成功感

孩子年龄小，缺乏自信心，他们往往需要成人的不断肯定，才能逐步建立自信心，从而影响自己的行为。因此，在孩子收拾玩具后，妈妈要带领孩子观看收拾后整齐的样子，用赞赏的口吻肯定孩子，比较整理前和整理后的模样，让大家亲眼看到明显的变化，建立成功感，树立自信心，

为以后自觉地整理玩具打下基础。因为，让孩子从收拾中得到成功感和乐趣，才是收拾整理的最大动力。

### 利用拟人化手段，强化幼儿的行为习惯

根据幼儿的特点，利用拟人化手段强化幼儿的行为习惯。比如：在收拾好后，妈妈把耳朵凑近玩具箱，说："听听玩具在说些什么？"然后以玩具的口吻说："谢谢小朋友，我们都回到自己家里了，真高兴！你们真是我的好朋友！"如果有的玩具还在地上，就说："玩具妈妈在哭"，或放哭的录音，告诉幼儿玩具妈妈在找孩子，让幼儿帮忙找一找。这样，不仅可以促使他们主动去寻找，强化行为习惯，而且也培养了孩子的同情心，何乐而不为之？

### 孩子养成良好习惯的保障：妈妈做到言传身教

准备一个固定的地方或箱子，让孩子收拾自己的东西，也可以和孩子比赛收拾东西，给孩子适当的奖励或满足他的某些合理的要求。妈妈是孩子的第一任老师，其言行对孩子有着深远的影响，妈妈必须言传身教，要以自己的实际行动给他作示范，然后要求他独自完成。千万不要他在前头扔，妈妈在后头一边骂、一边捡，这样，孩子是永远学不会的。

让孩子整理玩具益处多多：有利于培养孩子责任感，有利于形成孩子做事认真、仔细的良好习惯，通过共同收拾，还有利于培养孩子互助协作的精神，发展语言能力等。因此，培养孩子整理玩具的行为习惯，应从小抓起，应从培养行为意识、化枯燥为娱乐、树立成功感、强化行为习惯、家长要从这五个方面抓起，促进孩子身心健康、和谐发展。

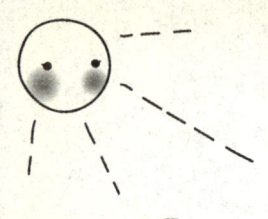

## 脏话不断——让孩子学会礼貌用语

在的幼儿园的英语课中,老师翻开厚厚的英语童话书为孩子们朗读,而且还不断以手指支配木偶配合故事情节,表演给孩子们看。孩子们均沉浸在有趣的故事情节中,小脑袋随着木偶动来动去,认真倾听老师讲述的故事。

但是,唯有一个孩子一直在角落中做着其他事。无论上什么课,无论老师讲什么故事,小虎均毫无兴趣。围坐一处听故事的孩子们全部各归各位时,小虎却仍然一动不动地继续着自己的事情。不仅如此,当小朋友们忙着玩填色游戏或剪纸游戏时,小虎还是一副无动于衷的样子。

老师走过去亲切地对他说:"小虎,我们一起玩填色游戏好不好?"但这也无济于事,而且,小虎竟然张口即出:"去你的,一点意思都没有,干吗让我做?"难以置信,这样的脏话竟然会出自一个5岁幼童之口,老师甚至怀疑自己听错了。

其实,小虎妈妈也因孩子说脏话的毛病感到忧心忡忡。可无论怎么训、怎么打,无论如何晓之以理、动之以情,央求孩子使用礼貌用语,小虎就是将其当作耳旁风,反而如同较劲一般越发不可收拾。这让小虎的妈妈感到很茫然。

### 孩子说脏话是因为感觉"好玩"

即使在幼儿园生活中,孩子也会接触到脏话。但是,孩子本身其实对于脏话的性质一无所知,他们不知道什么是脏话,也不知道为什么不能说脏话，他们只不过认为其他孩子说脏话有意思，因此才会将其当作乐趣，加以效仿。

但是，大多数父母并没有认识到这一事实。当听闻孩子口吐脏话时，父母往往只会感到吃惊不小，并做出动手责打状，严厉追问孩子脏话自何处学来、由谁口中说出。另外，父母还会警告孩子"只有坏人才说脏话"，并强迫孩子许下"不再说脏话"的诺言。

见到大人作出如此反应，孩子往往从中感受到别样趣味，并错误地认为说脏话能够使大人更加关注自己。孩子也许只是无心之中说了脏话，但大人的过敏反应却使孩子对于"脏话"产生了更大的兴趣。

### ❧ 不要对孩子的脏话作出过激反应

孩子突然间口吐脏话时，父母即便为之感到大吃一惊，也要装作若无其事。例如，孩子说"哪个王八蛋把我的雨伞弄坏了"时，妈妈则应如同日常对话一般，极其自然地说"你说的是哪个孩子故意将你的雨伞弄坏了吗"，以此纠正孩子的错误说法。时间长了，孩子便会逐渐对脏话失去兴趣，不再口吐脏话。

但是无论时间何其匮乏，一定要选择一个恰当时机，将不可以说脏话的理由对孩子加以详细说明。我们应该在孩子不说脏话时，将其叫到身旁，亲切地告诉孩子他在说脏话时妈妈的心情如何、为什么不可以说脏话、为什么脏话不好以及人们会怎样看待说脏话的孩子。同时，父母要提醒孩子处于特定环境下应如何表达自己的感情，提醒他们说脏话的行为并不可取。此外不要忘记，当孩子不说脏话时，父母应对其大加褒扬。

### ❧ 平时便要在潜移默化中培养孩子正确的语言习惯

**第一，帮助孩子养成讲礼貌的习惯**

问候是礼节的基本，也是人必须具备的一种良好习惯。因此，父母应

在生活中对孩子反复加以训练，直至孩子在路上偶遇熟人时能够主动说出"您（你）好"、"谢谢"、"对不起"等礼貌性用语为止。另外，妈妈要在生活中发挥其表率作用，帮助孩子养成讲礼貌的品性。

### 第二，让孩子清清楚楚、有条有理地说话

人们说话的方式不尽相同，既有声震屋宇的高声喊叫，也有得体、沉着、冷静的声调；既有如同冲锋枪发射子弹一般骤急的语速，也有随环境变化、缓急适中的节奏。那么，你希望自己的孩子如何谈吐呢？如果希望孩子长大后能说会道，妈妈则应在日常生活中起到表率作用，从而引导孩子清清楚楚、有条有理地去说话。

### 第三，妈妈首先要表现得有修养

如果父母认为孩子尚小，无法理解大人的话语，则大错特错，孩子会在无意中惟妙惟肖地模仿大人的一言一行。因此，父母不应在孩子面前口吐粗俗、下流之语，应时刻注意不要将自己骂人的样子展现在孩子面前，因为无意中在孩子面前诽谤他人或是大声争吵，无异于是想让孩子照葫芦画瓢。

### 第四，让孩子参照父母合乎公共礼仪规范的言行，养成遵守礼仪规范的习惯

孩子对于在地铁、食堂、美术馆、演奏厅等公共场所需要遵守的相应公共礼仪知之甚少，他们不清楚在公共场所中大声喧哗会打扰别人。因此，妈妈应在出门前将公共场所中所需遵守的相应规范，向孩子加以详细说明，并通过不断的交流与体验使孩子了解违背公共秩序及礼节，将会造成何种后果，在现实生活中通过妈妈的言传身教使孩子认识到，什么才是值得效仿的公共场所礼节。

### 第五，向孩子展示待客之道

一般而言，孩子特别喜欢家中有客来访，因此，家中有客人时，孩子往往会因为兴奋过度而出现诸多错误，做出平时从未有过的冒失举动。对

此，妈妈应预先向孩子说明有客来访之事，使孩子做好迎接客人的心理准备，这其中包括客人的身份、客人会在家里待多久，客人入门时孩子应表现出怎样的行为等。另外，父母还应对孩子说明在门铃响起至客人离开这段时间中，他所必须遵守的礼仪规范，并亲身示范给孩子看。

## 总把别人东西拿回家——认清自己的和他人的

文文开始上幼儿园了，妈妈有一天在整理文文的书包时，发现了一个好看的笔套，就问文文："这个笔套是哪来的呀？"文文心不在焉地回答："佳佳的，我说好看，就拿回来了。""不是你的东西，不能要。"妈妈严肃地告诉文文。"那明天还给她不就行了。"文文不以为然地说。

第二天，妈妈与文文一起练琴时，文文突然趴到妈妈耳边悄悄地说，"老师让你给她打个电话。"妈妈问道："为什么呀？""因为我今天把小瑞的笔放到我的笔袋里了。"妈妈一听，非常生气，"昨天不是刚跟你说，不能拿别人的东西吗？"妈妈把这件事告诉了爸爸，爸爸也气得够呛，从未挨过打的文文第一次挨打……

孩子出现随便拿别人东西的问题时，家长一定要在第一次就非常重视，让孩子分清物品的所有权很重要。家长们分析得很对，大人对于孩子拿别人东西的问题看得很严重，害怕孩子养成习惯，变成"偷"。这种担心是要有，但不能过于焦虑。现在的孩子在物质方面的需要，很容易得到满足，这就会造成孩子一旦需要，就想拥有。在与外界环境接触的过程中，这种想法也会延续，缺乏所有权的概念，对于自己和别人的东西不能很好地区分，即使知道是别人的东西，因为想要，也会不考虑是否属于自己，

就想拥有。这是造成孩子"拿"别人东西的最主要原因。

孩子发生"拿别人东西"的问题，家长要学会冷静，首先要思考：孩子是否缺乏所有权的概念，不太会区分自己的东西和别人的东西；对孩子的满足是否过当，孩子不管有什么需求，家长都会满足；孩子的需求是否不敢跟家长说，怕挨批评。

关注、引导孩子的方式：让孩子了解"物品"的所有权，即哪些东西是自己的，哪些是别人的。属于自己的可以自由支配，他人的东西要征得别人的同意才能使用。在家中也要建立这种所有权的意识。将孩子的东西与成人的东西区分开，孩子在需要使用家长的东西时，必须征求父母的同意。家长也要在使用孩子的物品时，征求孩子的意见。

对孩子的需要适度满足。现在的家庭对孩子的需要往往过度满足造成孩子一种思维习惯：我想要就能有，我想要就得有。孩子的需要如果不能满足，就会出现"强占"或"私拿"，这是孩子思维的一个误区。因此在满足孩子的需求时，不能一味地全部满足，有些要求可以让孩子通过努力去实现。

让孩子乐于与家长交流。了解孩子内心的真正想法对于及时发现孩子的问题很重要。对待孩子出现的问题要保持一种冷静的态度，让孩子乐于将自己的想法说出来。"你是不是也想要一个小瑞那样的笔呀？你可以用你的零花钱买一个。"孩子每天回到家，都要与他聊聊在幼儿园或在学校发生的有趣的事，让孩子养成与家长说"心事"的习惯。

家长要时常反思自己的行为。家长对孩子的引导一定是渐进的，有时是由于家长的教育方法不适当才导致孩子出现某些问题。用暴力不能解决问题，孩子最多知道这件事让父母特别生气，下次不能做，或者下次不能让他们知道。父母心平气和但态度坚决才会帮助孩子解决问题，"明天你一定要还回去"，"你如果再不还，我会帮你去还，那样你愿意吗？"这个年龄的孩子自尊心已经很强了，他会考虑自己的"面子"，会在乎别人的看法。

家长对孩子的发展要有正确地判断。有的家长在孩子拿了别人的东西后,认为孩子的行为是"偷",这就是以成人的心理判断孩子的行为是"故意"的,而孩子这时的行为往往是"无意"的。而在家长提醒后孩子还不改,就判断为"故意"。如果想通过一次教育就纠正孩子的行为,那教育不就太简单了吗?要对孩子的心理成熟水平有一个正确的判断,才能使家长站在孩子角度,理解并解决问题。

## 孩子是个"人来疯"——教他待客接物之道

星期天,家中来了客人。军军特别兴奋,不停地在妈妈和客人的身边跑来跑去,还不时地大声嚷嚷:

"妈妈,你看,我的变形金刚漂亮吗?"

"妈妈,我画的画好看吗?"

妈妈耐心地哄着:"军军乖噢!妈妈在跟阿姨说话,你先自己玩会儿,待会儿妈妈带你出去玩。"

"噢,太好啦!"军军开心地回自己房间了。

可是,过不了五分钟,军军又来了:"妈妈,我身上痒痒,快帮我看看。"

妈妈面对客人非常尴尬,不好意思地说:"这孩子,平时挺乖的,今天不知怎么啦?"

几乎在所有这个年龄段孩子的家里,都会在家中来客人时,出现一个跟大人纠缠不清的烦人的孩子,俗称"人来疯"。家长面对这个"人来疯"小孩,大多是束手无策。好言哄劝没用,威胁利诱也只能让孩子暂停会儿,最后经常是打一顿收场。可是下次家中来客人时,同样的一出好戏又

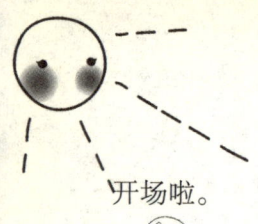
开场啦。

不少妈妈都会疑惑：孩子究竟为何要"人来疯"？

随着孩子年龄的增长，他已经能够较准确地表达自己的思想，希望与人交往，更希望得到大人的夸奖和以他为注意中心。然而，妈妈平时工作都很忙，爸爸也有自己的应酬，孩子这一愿望往往较难实现。一旦家中来客人时，孩子顿时有了新鲜感，表现自己的欲望便激发出来，从而处于兴奋状态。再有，一些妈妈平时对孩子管束过严，抑制了孩子好动喜玩的天性。家中有宾客时，妈妈往往比平时宽容，孩子于是充分利用了这个"天赐良机"，"演出"一些平时不敢为之的言行或恶作剧，引发了"人来疯"现象。

由于小孩的神经系统发育尚未成熟，自我控制能力较差，因此一旦兴奋起来之后，会变得难以控制。一般来说，随着年龄的增长和神经系统的发育完善，"人来疯"现象会自然消失。但为了让孩子早日进步、成熟，家长仍有必要进行恰当的疏导教育。

首先对孩子不要溺爱、放任，也不要过度管束。妈妈平时最好多抽时间参与孩子的活动，对孩子的想法和行为要表示出足够的重视，并适当给予夸奖或规范其文明礼貌言行。应适当引导，扩大孩子与外界的接触，在繁忙的工作之余，尽量抽点时间带他逛公园、走亲访友，多创造一些孩子与同龄伙伴嬉戏的机会，使之习惯于正常的人际交往，以减少看见生人时的新鲜感。

在家里接待客人，是培养孩子自尊、自信、自重和人际交往能力的好机会。在客人拜访前应抓住时机对孩子进行礼仪教育。在客人到来时，要把孩子介绍给客人，让孩子与客人接触，学会称呼问好，避免孩子觉得受到冷落。介绍时不要简单地说"这是我的儿子"或"这是我的女儿"，而把姓名忽略掉，这对孩子的独立人格会缺乏应有的尊重。当孩子出现"人来疯"现象时，妈妈还可采取暂不理睬的态度，继续与客人交谈。有的孩子若此时受到欣赏或斥责，反会觉得已达到了引起大人注意的目的，从而愈演愈烈。

## 家里有个"破坏狂"——合理引导孩子的好奇心

"孩子平时都很讨人喜欢，就有一样挺让人头疼，只要有新奇玩具或别的东西到手，一会儿功夫就给弄坏了。他亲手破坏了不知多少好玩具。"一位妈妈抱怨地说。

还有的妈妈反映，最近孩子的爸爸出差给宝贝儿子新买回一辆玩具汽车。儿子爱不释手，小汽车到了手上，着迷一样玩了起来。可一会儿，就把小汽车给弄坏了。小汽车被拆成了好几块，轮子也掉了。这可是花了好几百元钱买的，真让人心疼。这位妈妈摇了摇头，叹了口气，"唉！真拿他没办法。您说，这孩子怎么这么能破坏东西？我拿他一点办法也没有。"

西西妈妈刚给儿子买了一个大玩具熊，但玩具很快就"壮烈牺牲"了。妈妈无奈地说，玩具到了西西手里就不可能有"全尸"。买回来的新玩具，不超过3天，肯定是缺胳膊少腿，要么就是光秃秃的没了毛。

面对孩子的这种种破坏行为，职场妈妈又开始担心了：是不是平时对孩子管教不够，才让他这么肆无忌惮。其实，职场妈妈大可不必把所有的责任都揽到自己身上，我们应该正确地看待孩子的这种"破坏"行为。

首先，父母要认识到这是孩子正常的心理特点，是孩子的一种积极地探索性和可贵的创造性。拆玩具的现象一般在男孩子中比较常见。在通常情况下，孩子拆玩具的行为主要表现出一种探究性活动。孩子往往是对玩具为什么会动、会响感到好奇，于是就千方百计地想把它拆开看看。他能够现在探

索玩具,也就意味着将来愿意探索世界。如果他的"探索"形成一种品质、一种习惯,那么将来他就有可能成为一个具有真正创新意识的人。

其次,在行为上保护孩子的这种"破坏性"行为。父母第一次看见孩子拆玩具时,千万不要一味地呵斥和批评,而应该先问问他为什么要这样做,拆开后想知道什么,尽量满足孩子的求知欲。例如,当孩子要拆卸玩具汽车时,父母就可以帮助他拆卸,拆卸以后,再帮助他安装起来。这样,既满足了孩子的好奇心,又使他认识了玩具汽车的构造,培养了孩子的观察力和动手操作能力,也培养了孩子的探索精神和创造精神。这对孩子一生的发展都有不可估量的意义。当然,对于一些毫无探究目的的无缘无故的破坏玩具的行为,就要另当别论了。很有可能是父母过分娇惯的结果,家长需要及时引导纠正。

最后,妈妈要慢慢引导孩子建立什么东西可以碰,什么东西不可以碰的概念。比如他可以玩一个小皮球、摆弄一个大水桶,但他不可以把笔记本电脑当玩具,不然会有大麻烦。同时,爸爸妈妈可以给孩子一些组合式的玩具,鼓励他尝试组合不同的造型。为了避免发生意外,孩子手里的东西要少棱角且质量好。

# 第九章

## 从点滴抓起,培养一个人见人爱的孩子

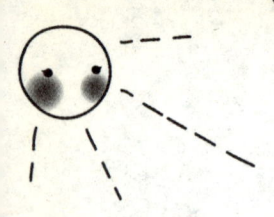

##  有赢就有输，培养孩子抗挫折的心理

职场妈妈在与孩子一起做游戏的时候，为了弥补对孩子照顾的不周，会想方设法迁就孩子，争取让孩子有赢的机会，以便让他更开心。妈妈的这种心情我们可以理解，可是这种方法实在不敢认同。长此以往，妈妈可能就会抱怨，"每次和孩子一起游戏，哪怕我赢他一次，他都会很不开心，闹着说不算数，硬要重来"，"我们家孩子不会交朋友，做游戏、参加比赛他只能赢，不能输，小朋友都不愿意和他玩"。争强好胜，赢了就满心欢喜，输了就大哭大闹，面对这样"输不起"的孩子，妈妈该如何开导，让他们坦然面对输赢呢？

从儿童心理学的角度来讲，孩子"输不起"是一种正常现象。无论做什么事情，孩子总是希望自己比别人强，以获得周围人的认可。可是因为孩子年龄小，各方面都不成熟，他们并不了解自己的强项和弱项，在人前或是在集体活动中，一旦不如人，他们就会表现出不高兴。

孩子"输不起"通常会有两种表现，一种是面对挫折和失败，采取回避的办法逃避困难。比如，妈妈批评小强学钢琴不认真，不如隔壁的玲玲弹得好，听到这话，小强就索性不弹了。另外一种是一旦在游戏中输了，就大发脾气或哭闹以示宣泄。在幼儿园，老师们常会遇到因为抢不到发言机会而委屈哭泣的孩子。

虽说好强是孩子正常的心理，但如果太在意每一次得失，就会影响他们与别人相处。面对"输不起"的孩子，妈妈需要费点心思，帮助孩子排除这种心理障碍，让他们体会做每件事所带来的各种情感经验。

在生活中，一些家长往往喜欢将孩子的成功当作自己的"门面"，赢了就夸孩子聪明、能干，输了就指责和埋怨孩子笨，这种教育方式是很不可取的，这样做很容易让孩子走向两个极端，要么失败了就爬不起来，要么就非赢不可。

作为孩子的第一任教师，妈妈在孩子个性形成过程中起着非常重要的作用。引导"输不起"的孩子，妈妈首先要平衡自己的心态，正确看待孩子的失败。当孩子在学习和游戏中受挫时，应该教育他们克服沮丧和悲观的思想，帮助他们分析失败的原因，建立积极的心态对待暂时的受挫。

在孩子幼儿阶段，妈妈应该尽可能地协助他们体验成功，建立起自信。但失败在生活中又是不可避免的，要让孩子将之视为另一种情感体验，在孩子情绪低落时，妈妈要多鼓励，帮助他们积极面对挫折。比如，孩子在绘画课上没有得到老师的表扬，妈妈就可以告诉他："我们不可能每次将事情都做到最好，上一次的唱歌比赛，老师就表扬你很棒，虽然这次画画比赛没有得到老师的表扬，但只要我们努力，一定也能做到最好。"家长这样说，既告诉了孩子失败和受挫是成长过程中不可避免的事情，同时也鼓励他积极面对。

虽然要尽可能协助孩子成功，但妈妈不要过分为孩子排除一些在正常环境中可能遭遇到的困难，当孩子遇挫时，妈妈不要立刻插手，不妨留给孩子自己面对失败的机会。

在集体游戏中，孩子会经历一些挫折和失败，这些失败的痛苦经历能让他们更好地认识自己，发现自己的缺点和别人的长处，发展他们的智能。这样，他们一方面学会了欣赏别人，和同伴友好相处，共同合作；另一方面，在与同伴的交流中，学会如何克服困难、解决问题。在集体中的这些磨炼，有助于提高幼儿的耐挫力。

大人和孩子游戏时不要经常故意输给孩子，适当的时候玩一些输了也

有奖励的游戏，奖励的前提是要孩子总结出输的原因。通过这种办法，可以平衡孩子"输不起"的心态。

##  学会自己拿主意，让孩子变得更独立

按理说，职场妈妈抚育下的孩子应该更具有独立性，但是也有情况相反的。如果妈妈对问题处理的方式不同，孩子可能会走向两个极端：要么有较强的独立性，要么有很强的依赖性。当你的孩子属于后者的时候，妈妈应该怎么办呢？

### ❤ 放手让孩子做力所能及的事情

孩子的独立性是怎么培养的，是在实践当中培养起来的。凡是儿童自己能做的应该让他自己做，不要代替他，这是一个教育原则。孩子从两岁开始就有了强烈的"我自己干"的要求，他有这种独立愿望，妈妈就因势利导从培养孩子日常生活的初步自理能力开始，独立性就在这个过程当中培养起来。培养这种基本能力、基本习惯是非常重要的。比如在妈妈的帮助下孩子学会自己吃饭，从孩子自己吃饭，到自己穿脱衣服，穿脱鞋袜，自己如厕，自己收拾玩具，自己擦鼻涕。吃东西前后或便后让他自己洗手，当然开始需要妈妈的帮助，但目的还是要让他自己干，妈妈只是从旁指导。自理能力是独立性培养最主要的内容。从四岁以后妈妈的要求可以高一点，在这过程当中逐渐培养孩子的独立意识、独立生活能力和自己做事的劳动习惯。

### 培养孩子初步思考的能力

培养孩子逐步思考的能力，就是勤动脑，不仅要孩子自己独立动手去做事，还要孩子独立的动脑去想问题。常常看到有些妈妈不厌其烦地回答孩子的问题、给孩子讲书，利用一切时间来丰富孩子的知识。全都是妈妈讲，单方面输入。实际上培养孩子获取知识的能力，比给他脑子里装多少知识都重要。教育家陈鹤琴先生有一条原则，他说："凡是儿童自己能够想的就应该让他自己去想。"

### 创造机会培养孩子自己拿主意做决定的能力

我们有的家长经常说孩子太有主意不好，应该听大人的，实际上孩子有主意是件好事，他有自己的看法，自己的认识，应该给孩子创造机会培养他自己拿主意。我们的教育常常是注意培养孩子顺从听话，不大注意去倾听孩子的需要，从生活小事一直到孩子的发展方面都由家长一手包办了，因此我们的孩子缺乏自己做决定的机会和权利，就很难培养孩子自我抉择能力。

### 培养孩子的独立性的同时还需要培养孩子克服困难的精神

妈妈在培养孩子独立性的时候，比如让孩子自己穿衣服，穿袜子，确实会遇到困难的，包括自己收拾玩具，对幼儿来讲都要付出很大的努力，克服一定的困难，那么有些孩子一遇到这些困难，就不干了，家长有时候心软了，就包办代替。所以当孩子独立做事遇到困难的时候，家长一定要鼓励他们克服困难，坚持完成任务，特别是对那些依赖性比较强的孩子。

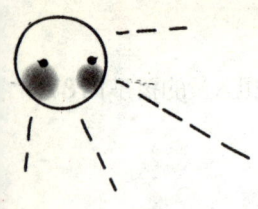

## 别总躲在妈妈身后，做个大大方方的孩子

珠珠是一个非常害羞的孩子，她总是在教室里静静地坐着，老师和同学们有时竟然会感觉不到她的存在。她也没什么特别要好的朋友，所以在自由活动时间或午餐时间里，已经习惯自娱自乐。陌生人和她搭话，她就会满脸通红，好像是要快哭出来的样子，躲到妈妈的身后。她的妹妹洛洛比姐姐小两岁，性格正好与她相反，能和第一次见面的人打成一片，在大人面前也非常活泼。

珠珠的妈妈现在已经开始担心珠珠的性格，她希望孩子有不知道的问题，就举手提问，有需要的就说清楚自己需要什么，但是孩子总是静静地坐着。

有一次，她领着珠珠和洛洛去了快餐店，两个孩子都想再要一杯可口可乐，于是妈妈就让珠珠到柜台买，但是珠珠不愿意，和妈妈争执了20多分钟，最后经过一番练习之后才走到柜台前说出了她的台词，但是由于珠珠的声音太小，服务员没有听清楚，珠珠哭了出来。

有些孩子就像珠珠那样过于害羞，令父母担心，他们在家里一点问题都没有，但是一旦站在别人面前，就不能直视对方，话也说不清楚。

据斯坦福大学的津巴多博士说，害羞是孩子们固有的个性之一，所以没有必要过分关注，或试图强制性地改变，但是如果孩子过于害羞以至于不能和其他人相处，就会错失从中学习和得到快乐的机会，所以我们最好使用以下的方法来帮助孩子。

从小父母就应该多和孩子们进行对话。无所谓时间的长短,父母最好是每天都以孩子们喜欢的或者擅长的活动为主题和他们进行对话,聆听孩子们的故事。在倾听孩子们的故事时,重要的是如果孩子做得好,就应该多表扬他们,帮助他们树立自信,不要揪着缺点和失误不放。此外,我们应该多为孩子创造出与其他同龄孩子以及与大人接触的机会,如果能够为孩子找到一个具有人气、懂得关怀别人的朋友,是最好不过的了。

有些孩子天生就害羞,还有些孩子害羞是由于从小缺少与其他孩子接触的机会而造成的。刚出生的婴儿,如果接触的生人多了,他们就不认生,如果孩子到了关心朋友的阶段,父母应该利用文化中心的幼儿活动,或者一些体育活动等,多给孩子们提供与朋友们接触的机会。父母还要让孩子和比他小的孩子交朋友,这也是帮助孩子克服害羞的方法之一,因为孩子也许在同龄孩子面前表达不清楚,成不了孩子们的中心,但是他却能和比他小的孩子打成一片。

还有一个好方法,那就是赋予孩子一些日常交际生活中的角色,让孩子提前演练。比如,让孩子去买些东西回来,或者在家庭活动中,分配给孩子接待客人的任务,你可以让孩子提前练习一下这些活动所需要的恰当的话语或行动。我们应该针对孩子们的弱点,提前和孩子一起构思脚本,让孩子提前进行练习。

## 事情需要大家做,培养孩子的合作意识

职场妈妈因为工作繁忙的原因,不能像全职妈妈那样对孩子照顾得细心且周到,而是绝大多数情况下要靠孩子自己来解决问题,一方面确实锻炼了孩子的自理能力,但是另一方面孩子也可能会觉得自己什么都能干,不愿意跟伙伴们合作。

有关专家指出,会不会与别人合作是决定儿童将来能否成才的关键。

的确,在未来的社会,竞争非常重要。也正因为如此,在现代的教育中,竞争意识被凸显出来,从而忽视了合作的重要性。这很容易使孩子将这两者的关系对立起来,并不知不觉地培养了个人主义。这会造成孩子狭隘的心胸,以及妒忌和仇视他人的心理,得不到别人的理解和帮助。无论干什么事,都要付出事倍功半的代价,因而就会阻碍他们在学习和事业上的发展。从小培养他们与人合作的意识,认识到别人同样优秀,这对他们的成长有百利而无一害。

那么怎么样让孩子明白这个道理呢?

### & 要让孩子明白,做事情需要合作

你可以和爱人商量一下,创造这样一个情景:两人在同一天都加班,很晚才回家,三口人饿得肚子咕咕叫。为了尽快的吃上饭,三人做一下分工,如你做饭,爱人洗菜,让孩子准备好桌子和碗筷。这种情况下,饭肯定很快就做好了。一家人边吃饭,边谈论这个话题,让孩子亲身体会到,为了更快

地做好一件事情，必须合作，这样大家都受益。就像大家一起出手抄报一样，每个人做自己最擅长的事情，报纸的质量会更好，用的时间会更短。

有些事情是必须合作才能完成的，如搬一件很重的家具。每个家庭都会不定期的调整房间的布置，你不妨在哪个周末做这件事情，和爱人一起搬动一件大的家具，甚至还需要儿子的帮忙。生活中类似的事情很多，渐渐地，他就会明白合作的道理。

### ♥ 要让孩子明白，什么是真正的合作

合作并不简单是两个或几个人在一起活动，游戏。对孩子来说，在游戏、学习、生活中，能主动配合、分工合作，协商解决问题，协调关系，从而确保活动顺利进行，同时每个人都从相互配合中实现了共同的目标，这才是合作。如果孩子们在一起只是各玩儿各的，各干各的，这不叫合作。合作必须有明确的分工，你可以告诉你的儿子，像妈妈和爸爸一样一起做饭，各有分工，这是真正的合作。

### ♥ 为孩子树立合作的榜样

家庭中的很多事情，就像我上面提到的，都需要两个人一起来做，而且一定要协调，分工的时候，做自己擅长的事情。做的时候，一定要让孩子知道，给孩子一个潜移默化的影响。

### ♥ 为孩子创造合作的机会

如一家人一起打扫房间，给孩子布置一些力所能及的事情，或是一起游戏，如拼图、搭积木等，还可以鼓励孩子和同伴一起出去玩儿。

### ♥ 教给孩子一些合作的方法

比如和孩子一起拼图的时候，先商量好，做好分工；如果一个人完成

了自己的任务，另一个人还没有完成，就要帮助对方完成。通过这些具体的合作情景，帮助孩子逐渐学得合作的方法和策略，在过程中学会合作。懂得与人合作需要相互尊敬和理解，需要真正的宽容，容忍自己不同意的事，需要做到有错认错。与人相处得好，是人生中最重要的品质。缺少同别人的和谐关系，就算有了知识、智慧和财富也毫无意义。

### ❤ 让孩子体会到合作的积极效果

合作常常会带来积极愉快的结果：活动成功，事情做成，增进友谊，心情愉快。这对每个人，包括成人，巩固、强化合作行为，进而产生更多的合作行为是极为重要的。每每和孩子合作完成一件事情，不妨各自说说自己的想法，要注意引导孩子感受合作的成果，体验合作的愉快，这样能激发孩子进一步合作的内在动机，使合作行为更加稳定、自觉化。

## 让孩子融入集体，培养孩子的社交能力

职场妈妈因为要上班，大多情况下会把孩子交给爷爷奶奶或者姥姥姥爷照看。老人家由于体力不佳，基本不带孩子去同龄孩子聚集的小区游乐园或者楼前空地玩耍。而且孩子从幼儿园或者学校回来以后，大多也会在家玩游戏或看电视，这样，孩子与同龄人相处的机会则会少之又少。出于这种原因，当孩子跟小伙伴们一起时，往往和其他孩子玩不到一起。

在成长过程中，孩子们往往会形成同龄群体并在游戏中结交朋友，进而使自己的社交能力得到不同程度的增长。如果孩子与同龄伙伴缺少接触的机会，时间长了，孩子就会不知如何去玩，也就无法与其他孩子融于一体。

### ❧ 理解孩子：时代环境大变样，社交更困难

现代中国社会的高速变化、普遍的独生子女家庭、狭隘而封闭的生活空间都给培养孩子的社交能力带来相当大的挑战。

过去普遍都有兄弟姐妹，孩子间的互动、交流、游戏都是日常生活中都能学习和培养的，而今独生子女的玩伴成了一大问题。

过去兄弟姐妹多，许多家庭采取"放养式"，而今独生子女家庭，孩子个个是宝贝，是掌上明珠，碰不得，摔不得，许多家庭采取"圈养式"。

过去大院邻里之间开放式的较多，孩子们经常能聚在一起玩耍、嬉戏，而今独门独户的封闭式"蜗居"成了城市居住环境的主体……

种种外界环境的改变，给今天的孩子们的社交带来了困难。一位教育专家简明扼要地概括了目前影响城市孩子社交的四大因素：一是与同伴交往的时间太少，很多时候，因为父母都要忙于工作没有时间带孩子与同龄伙伴交往；二是家长往往担心孩子在玩乐中被"欺负"，总是给予过多干预；三是孩子几乎没有比较固定的、熟悉的玩伴；四是"不会分享"，导致孩子不能融入群体。

### ❧ 引导孩子：从生活细节做起，帮助孩子学社交

孩子社交上的问题，大致受到三个方面的因素影响：一是生理的成长和性格原因；二是心理方面的障碍；三是环境的局限。尽管2岁的孩子还认识不到和小朋友一起玩耍的乐趣，但是如果孩子只喜欢一个人玩，家长还是有必要做一些引导，以便帮助孩子培养更好的社交能力。

#### 父母要以身作则

如果希望孩子在某些方面有所建树，那么爸爸妈妈首先应该为孩子做出榜样。爸爸妈妈可以与邻居亲切问候，积极参与所在地区的各种活动等，做出与人和谐相处的表率给孩子看。只有父母尊重、关爱孩子，孩子

才会尊重、关爱他人。因此，在孩子的教育问题上，父母自始至终都要以身作则。

### 看着孩子的眼睛与之交谈

一旦时间允许，父母应该抓紧机会，看着孩子的眼睛与之交谈，因为注视对方的眼睛意味着愿意与其建立友好的关系。另外，孩子通过身体接触体会到亲密感和安全感，因此，只要有机会父母就应该去拥抱、亲吻、疼爱孩子。

### 孩子玩时，大人请走开

孩子社交行为中有"强势"必然有"弱势"。孩子可以在一分钟前打架，一分钟后拥抱欢笑。父母尽可以以一颗豁达之心看待这一现象，不要以眼前"吃亏"与否来衡量孩子结交朋友的价值。只要没有伤害身体，父母都可以做个理性的观众。

### 积极暗示孩子与同伴合作

家长需要通过游戏积极暗示孩子与同伴进行合作，如：孩子与小伙伴在活动之前，妈妈可以告诉他们"你们只有一起搭个漂亮的房子，才能得到表扬"，而不是对他们说"你们谁先搭好一个小房子，我就奖励谁"。

### 多为孩子创造社交环境

学习分享是孩子尽快融入群体并与之和谐相处的法宝。傍晚带孩子一同散步，周末带孩子去郊外或游乐场所玩，让年龄相近的孩子互相串门，或带孩子上亲子课等，都是改善环境的一些举措。

### 增进与孩子间的亲密度

一项研究结果显示，与父母关系良好的孩子在集体生活中更易遵守并适应必要的规则。另外，和父母关系良好的孩子社交能力较强，善于结交朋友，与父母关系较差的孩子其社会适应能力较为低下，时常会惹出事端。简而言之，孩子们会以爸爸妈妈的形象为准则，在以后的社交中建立健康、正面的自我形象，并从中获得自信。

# 坚持到最后，让孩子做事有始有终

"幼儿园要举行手工制作比赛，儿子兴冲冲地报了名，让我陪着他买制作风筝的材料，想要做一个大大的风筝参加比赛。我很支持儿子，可是又怕他没有耐性，做到一半不做了。果不其然，没几天，他就没了兴致，说是不参加比赛了。儿子做事总是这样有头无尾，说放弃就放弃，这可怎么办呢？"一个六岁孩子的妈妈这样说。

这个问题实际上是一个毅力的问题，而小孩子又经常出现这样的现象。做事情三分钟热度，兴致来了，摆开一副架势，好像要做的是一件天大的事情，而且一定要完成。可是，如果在过程中遇到了困难，或是又被别的事情吸引住了，往往就会把手头的事情放下，去做别人的事情。其实别的事情他同样做不完，因为又会遇到困难，或是又有了别的兴趣。长此以往，将会一事无成。

那么，要怎样培养孩子做事有始有终的习惯呢？建议各位妈妈不妨试试以下几种方法。

### 帮助孩子做到今日事今日毕

要想培养孩子的毅力，首先让他做到今日事今日毕。一定要让孩子把当天的事情做完，不能拖到第二天。比如，要写的作业、要洗的袜子、该整理的书包等。还可以让孩子把《今日歌》工工整整地抄写一遍，贴在书桌前的墙上，作为提醒。

### 让孩子明白做事有始无终的害处

可以给孩子讲一些关于有始无终的故事，或是给孩子分析道理。比如，同学们都知道了你要参加比赛，要制作一个大大的风筝，可是如果你没有做出来，你的同学和老师会怎么看你呢？我们买的这么多的材料怎么办呢？让他明白，不参加比赛，就不能给班集体争得荣誉，别人也会因为你半途而废看不起你，那么多的材料都浪费了，妈妈的辛苦也白费了等等。还可以让孩子亲身体验有始无终的害处，他亲身得到了教训，下次就不会再这样了。

### 让孩子在做事情之前许诺

如果孩子经常这样，那么在他想做事情（一定是他自己选择做的事情）之前，不妨让他许个诺言，一定要把事情完成。而且要把诺言贴在一个适当的地方，时刻提醒孩子。每当孩子想要放弃的时候，一想到自己的诺言，就会坚持下去了。

### 安排孩子做一些事情，时间由短到长

毅力的养成不是一朝一夕的事情，要由困难小的、在短时间内能完成的事情开始做起。如果孩子喜欢读书的话，先选择一本他感兴趣的、比较薄的，在一两天内就能读完的书。你可以对他说："妈妈可等着你给我讲书上的故事呢。"这也是使他读下去的一个动力。慢慢地，读一些篇幅长一点儿的书籍，如此坚持下去，有毅力就会成为一个好的品格出现在你的儿子身上了。

### 在孩子遇到困难的时候，给予适当的帮助，让孩子体验到成功的乐趣

如果孩子在做事情的过程中遇到了困难，自己很难解决，你可以先提提醒。若是困难比较大，也可以动手帮助他，目标是，一定要把这件事情完成。比如在你的帮助下，一个漂亮的风筝做好了，一家人到广场上开开心心的去放风筝，儿子体验到了成功的乐趣，他会把这样的乐趣转移到做其他的事情上去，乐趣会促使他继续下去直到完成为止。

## 爱也要讲分寸，培养"表里如一"的孩子

很多时候，我们免不了会听职场妈妈这样抱怨：孩子在幼儿园特别乖，可回到家里却像变了一个人似的，稍不顺心就摔摔打打，甚至还打爷爷奶奶、爸爸妈妈。在外面是"乖乖仔"，在家却成了"小暴君"，孩子的这种表现往往让当妈妈的感到很苦恼。究竟又是什么原因，使孩子家里家外的表现如此不一样呢？

### 家庭教育缺失使孩子表现两重天

菲菲是幼儿园中班的小孩，谁也没想到，这个在幼儿园里的好孩子，回到家中不但骄横跋扈，还常常动手打奶奶。有一次，菲菲放在桌上的折扇被奶奶不小心碰到地上，没等奶奶反应过来，菲菲就从沙发上跳起，捡起扇子往奶奶的胳膊上打了一下，嘴里还说："笨死了。"奶奶望着被打红的胳膊，气得说不出话来。

与菲菲奶奶有同感的还有豆豆妈妈。今年5岁的豆豆在幼儿园是个很乖的孩子，然而，回家后的豆豆脾气却相当暴躁。有一天中午，豆豆要吃米粥，妈妈看天气太热，往米里放了点儿绿豆。这下可好，豆豆又哭又闹，不依不饶，把家里的收音机摔得粉碎。最终是妈妈向他道歉才得以了结。豆豆妈妈说，这只是豆豆在家里的一次普通发作。

职场妈妈一天中大部分的时间都在忙自己的工作，对孩子的教育或多或少都会有所忽略，而在家主要照看孩子的爷爷奶奶或姥姥姥爷，疼孩

子还来不及，哪里舍得管教孩子呢？家庭教育的缺失，是导致孩子"窝里横"的主要原因，应该引起各位家长的关注。

### ❧ "窝里横"是为了达到心理平衡

家庭教育中的"马太效应"告诉我们，当给孩子越多的时候，孩子的索取也就越多。一方面，职场妈妈平时忙于工作，为了弥补对孩子的关心，孩子要什么就给什么；另一方面，孩子对妈妈的依赖性越来越强，一点点小事就想让妈妈帮自己做。一味迁就下去的话，孩子会认为妈妈为自己做事情是理所当然的，甚至会下命令来指使妈妈。随着孩子的成长，需求越来越大，索取越来越多，直到大人无力支付的那一天。

"窝里横"的孩子多半生活在父母过分保护、溺爱的家庭中，特别是隔代带养的孩子，更容易产生这样的问题。

这样的孩子一旦走出家门，在与同龄伙伴的交往中，往往会搬出在家里的作风来指使别人，但小伙伴可不吃这一套。经过几次这样的挫折，再加上自我能力不足，孩子只好采取逃避的方式，躲在一旁生闷气，拒绝跟小朋友一起玩耍，表现得很乖很文静。时间一长，当孩子的不满和怨恨累积到一定程度，需要发泄时，突破口自然转向家中的"弱者"——爷爷奶奶或者爸爸妈妈，以自己在家里更加横行霸道来补偿，达到心理上的平衡。

### ❧ 改变孩子"窝里横"有妙招

家长如果发现孩子已经出现"窝里横"的行为，应及时纠正自己的教育方式。

父母的爱应有分寸。爸妈过分溺爱孩子，会在不知不觉中形成以孩子为中心的家庭关系，导致孩子变得自大、自私和任性。因此，爸妈对孩子要严爱相济，让孩子在家庭中的地位成为受教育者和普通成员。

教会孩子懂礼貌，守规则。这两点在人际交往中是重要的两点，只有充分尊重别人的权利,你的权利才会被尊重。只有遵守共同的规则,生活才会井然有序。

停止对孩子的过度保护。对于孩子力所能及的事情,要求孩子自己尝试去做,一开始时他还会说"帮我做",这时不要再满足他的要求,而是应该对他说:"自己试着做做看。"孩子会渐渐地鼓起勇气自己试着做起来。孩子有一点成功,有一点努力,都应当及时地夸奖他,在这个时候千万不要责备孩子,责备会让他更不知所措。

为孩子创造交往机会。孩子的勇气与能力不是天生的,必须让孩子在日常生活和人际交往中获得。爸妈要给孩子创造交往的机会,主动带孩子到户外玩,让孩子多接触同龄小朋友,让孩子在与小朋友交往中学会谦和合作。孩子在交往中发生的争吵,只要没有危险,爸妈最好不要干涉。遇事让孩子自己去解决,培养孩子的责任心和自信心,减少依赖性。

## 孩子"爱告状",妈妈要正确引导

无论是职场妈妈还是全职妈妈,都有可能养育出一个爱"告状"的孩子,这也是儿童时期最常见的行为现象。对此,各位妈妈要协同家里的其他成员对孩子给予正确引导。

孩子"告状"的动机和目的,一是受了欺负想寻求大人的保护;二是检举他人,希望成人对他的是非判断作出肯定;三是追求自我表现,想从成人那里得到肯定的评价;四是做错了事想逃避责任,免受批评或惩罚;五是嫉妒他人,企图利用告状来贬低别人,抬高自己。

对待"告状"的孩子,必须持慎重态度。如果对孩子的告状不予理

睬,或不分青红皂白批评"告状"的孩子,这可能使一些有危害的事得不到及时的补救,而且会混淆孩子的是非界线,挫伤孩子的正义感和同情心,并给其他儿童带来消极影响。如果鼓励孩子"告状",则儿童会争相模仿,什么鸡毛蒜皮的事也告到老师、家长那里,孩子独立处理一些小朋友之间的小纠纷的能力会被削弱。更严重的是会使一些小孩子养成时时窥视他人秘密、监视他人行为、检举揭发他人的极不正常的心态。

那么,如何正确对待儿童的"告状"呢?

(1)在倾听"告状"时要认真,不要打断或者斥责孩子,也不要偏听偏信,先要弄清事实真相。如果孩子一时说不清楚,大人们可用提问的方式引导孩子回想一下发生的事情,同时妈妈可以适当地安慰孩子。

(2)在了解事实后,妈妈应根据具体的情况采用不同的处理方式。若是有理的"告状",一定要及时给予肯定,让他们养成正确的是非判断力;若是其他类型告状,则通过耐心与孩子沟通,帮助他们建立正确的为人处世的原则。

(3)当自己孩子与别的孩子发生矛盾时,当妈妈的要教会孩子换位思考,并借此机会教会孩子解决问题的技巧。可以问问告状的孩子:"你觉得该怎么解决这个问题呢?"让他们养成独立解决问题的习惯。

(4)当孩子告状时,应尽量鼓励他们自己解决问题,否则会养成孩子的依赖心理,还会助长孩子只看别人缺点、不看别人优点、搬弄是非等坏习惯。孩子学会了处理问题的方法以后,就不会动不动告状了,而且对他将来面对困难、解决问题也有帮助。

(5)敷衍甚至不管的态度,可能会导致一些有危害的事得不到及时的解决,更会混淆孩子的是非观,挫伤孩子的正义感。但若一味"支持"、"鼓励"孩子的告状,孩子独立处理问题的能力总是得不到发展,还会影响孩子良好性格的形成。相信只要家长、老师能耐心、细心地对待,孩子会很快变得不爱告状了。

 ## 善于表达，培养一个口齿伶俐的孩子

一位妈妈说："孩子已经快6岁了，幼儿园里，当别的小朋友争着表达自己想法的时候，我的孩子却畏畏缩缩地不敢提出自己的意愿，只会像个3岁幼童一般低声发牢骚，该说的也说不出来。有一次我去幼儿园接孩子，发现他的裤子颜色有些异常，等老师把理由说完以后，我大吃一惊。原来是孩子上课时因为无法将自己想上卫生间的意愿表达出来，就尿了裤子。而且，问题尚不止这些，因为每次都无法正确表达自身意图，所以他的玩具总是被其他孩子抢走。"

### 针对孩子胆小怕事的不同原因对症下药

孩子们无法很好地表达自己的原因主要有三：一是妈妈对于孩子的行为曾作出过错误反应；二是孩子有过一些不好的经历；三是孩子在使用错误的方式吸引他人注意。

其中第一种情况，妈妈的错误要比孩子更为严重。因为这是由于妈妈没有给孩子充分表达自己的机会，或是事先答应了孩子的全部要求而引起的。

因此，在这种情况下，妈妈与其不容分说地强迫孩子好好表达自己，不如耐心等待孩子将话说到最后，再酌情决定是否答应孩子的要求。切不要见到孩子手指水杯便马上将水杯递过去，或是使用"你现在究竟想做什么？"这类话语来吓孩子，而应不断地制造机会，帮助孩子更加清楚、明白地表达自己。例如，我们可以通过"你是想喝水呢，还是想要水杯呢？"这

类可选性问题引导孩子使用更为简便的方法表达自身想法。

第二种情况往往是由于孩子在提出某种意见时遭到拒绝而引起的。这类孩子平时虽然与普通儿童表现得毫无二致，但在自身意见被否决的地方，或处于相似情形下，孩子的语气就可能会变得有气无力、吞吞吐吐。一旦出现这种情形，倘若是明智的妈妈一定不会急于催促孩子，而是给孩子足够的时间，等待孩子将自己的意见最终说出来。

存在第三种情况的孩子多数是借助以往的多番经历，进而知道了要如何做才能够吸引对方注意，即故意不说话借以拖延时间，从而诱导对方对自己更加关注。此时，妈妈不要对孩子说"这样，还是那样？你快点决定啊"等类似话语，而应表现出若无其事或毫不关心的姿态，直至孩子最终做出决定。为使那些因希望引起妈妈注意，故意拖延时间不作表达的孩子明白"这个方法不好使"或是"这个方法没效果"，妈妈需要静静地等待。

## 培养伶俐的孩子的秘诀

### 第一，妈妈首先要成为话匣子

只要观察一下在游戏场所玩着不同游戏的孩子们，我们便大致可以猜测出这些孩子所处的家庭氛围及其父母性格如何。在游戏中不够积极的孩子，他的妈妈平时应该比较害羞或是话语较少，而不论在什么游戏中都喜欢带头的孩子，他的妈妈也应较为喜欢领导别人。

如果希望自己的孩子能说会道，妈妈应该有意识地在孩子面前以开朗的姿态谈天说地，在与孩子愉快交流的同时，引导孩子直率地将自身想法表达出来。

### 第二，只在孩子表达准确时做出反应

妈妈能够仅凭孩子的一个表情、一个动作便揣摩到孩子的意图，但是老师和朋友们却做不到。只有孩子能够将自己的所思所想准确表达出来之时，他的人际交流才会顺畅无阻。为了让孩子领悟到这一点，妈妈应该只

在孩子作出准确表达时，才给出相应反应。即唯有孩子清楚、利索地表达自我时，才去倾听孩子的意见，对其表示关注。值得注意的是，此时妈妈要积极地做出反应，为孩子提供继续表达自我的机会。

### 第三，为孩子的荒唐话而欢呼

从前的家长会在孩子干脆、明白地表达自身意见时大发雷霆，斥责孩子没有教养，随便接大人话茬儿，因为他们认为无论孩子愿意与否，都必须要无条件地服从长辈。但是处于这种氛围下，孩子是无法自由表达自身想法的。如果希望培养出孩子想说便说、当机立断的性格，那么，即使孩子偶尔说些荒唐无稽的话语，妈妈也决不要予以忽视，而是要听到最后。切不要说"小东西什么也不懂就会瞎掺和"等否定性的话语，而应以"原来也可以这么想"或"你的想法真奇特"等赞赏性语言对其加以肯定和尊重。

### 第四，看着孩子的眼睛与之进行交谈

日日忙碌的上班族妈妈没有太多时间与孩子对视交谈，偶尔对孩子说一句话，也无非是"从幼儿园回来了"或"作业做完了吗"等询问孩子日常课业状况的习惯性招呼用语。这些话不仅对孩子，对上班族妈妈而言也没有什么益处。与其如此，还不如在晚饭后半小时，或睡前的20分钟，注视孩子的双眼，与其进行一番内心交流。交流时，妈妈应首先表现出积极的姿态，专心倾听孩子的话语，并对其加以肯定，且要将自己的看法讲出等。

### 第五，让孩子经历各种各样的体验

若想沟通具有成效，不仅要认真倾听孩子的话语，而且要对孩子所指话题的相关领域了如指掌，唯有在知悉对话主题背景知识的情况下，对话双方才有可能进行良好的沟通。因此，妈妈应该在平时为孩子提供各种各样的体验机会。

# 第十章

教子不是妈妈一个人的事，
爸爸的榜样很重要

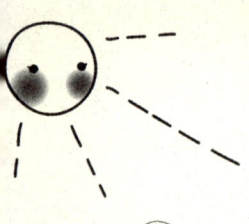

 **教育孩子，父亲千万别"缺席"**

目前在许多家庭中，教育孩子还停留在"母系氏族"阶段，多是母亲一统天下，而父亲顶多扮演一个笨手笨脚、可有可无的角色。父亲在教育孩子上真是笨手笨脚、无足轻重的吗？

不，事实并非如此。许多调查材料表明：缺乏父爱的孩子比其他孩子发育要差。父亲长期不在家，对孩子的身心健康和智力发育都会产生相当大的影响。据研究，一天与父亲接触至少两个小时的男孩子，和一星期与父亲接触不到6小时的男孩子相比，前者不仅更聪明，而且人际关系处理得更融洽。由此可见，教育孩子不是母亲一人之事，父亲对孩子的成长，也有很大的影响。

很多父亲可能会认为，孩子小的时候总是找妈妈，孩子3岁以后我们再开始行使权利，或上小学再多接触不行吗？这种想法是没有科学根据的，应该说，从出生开始父亲就应该行使权力了。

尽管父亲和母亲对孩子拥有同样的权力，负有同样的责任，但两人对孩子的影响却各有千秋。例如，在家庭中母亲对孩子的情感细腻，态度较多温柔，喜欢给孩子讲故事，做手工等。而父亲往往情感深沉、刚毅、博大，喜欢把孩子高高举起，带孩子踢球玩打仗游戏等。总之，父母不同的角色，各有不可替代的特点，对孩子的成长也有着不同的影响。

同样带孩子玩，母亲往往更担心孩子的安全，总会情不自禁地将孩子限制在一定的范围内，而父亲与孩子玩的方式，往往更带有冒险性，更与剧烈运动有关，这是母亲难以替代的。母亲会以自己细腻的感情，认真仔细的做事态度去影响孩子，而父亲则带给孩子勇敢、坚强、强悍、有魄力等男性特征。如果只实行"母系教育"，那么男孩子就很难以父亲为楷模去开始他男性生活之路；女孩子就很难了解男性如何生活，与女性有何不同。我们现在已经开始提出性别教育这个概念，就是说，让孩子从小就开始体验男女两种社会基本构成的不同个性，这对孩子形成正常的性别角色，都是很有好处的。

三岁前的婴儿由父亲带着嬉戏，对其动作发展大有益处。父亲应常和孩子在一起嬉戏，逗孩子爬，鼓励其走以至跑，教其前滚翻，玩攀登架、单杠等，2岁左右便可带孩子慢跑锻炼身体。另外，父亲对激发孩子探索周围世界的兴趣起着不可缺少的作用，父亲一般对外界事物较有兴趣，动手能力较强，这样对孩子有潜移默化的影响。例如，一对夫妇带着2岁的女儿去旅游，小女孩看见路中间的狗很害怕，当她看见父亲上去抚摸狗时，她也上去摸了一下狗，父亲接着说："狗怕人呢，狗和人是好朋友，会看家，不用怕。"接着又讲了狗的习性，小女孩的母亲则在回去的路上教她念了一首狗的儿歌，这对夫妇配合得多么默契呀！如果父亲觉得孩子很胆小，轻蔑其为胆小鬼，孩子从此会丧失对动物的兴趣而不向父亲求援了。

因此，孩子良好的个性和优秀智力发展，不仅需要从母亲那里接受教育和影响，也需要接受父亲的教育和影响。教育孩子，父亲同样有责任。父亲不应该总以工作太忙太紧张为托辞，而应该进一步加强同孩子的交往，使孩子既承受到母亲的温情，又能体验到父亲的威严。真所谓"怜子如何不丈夫"！

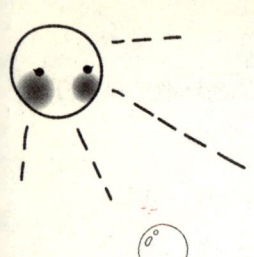

 **父亲教育缺失，孩子问题一堆**

当前在绝大部分中国家庭中皆为母亲在扮演家庭教育的主角，或者说在唱着育儿的独角戏，而很多父亲教育却演变成为辅助角色，甚至不少家庭中还出现父亲教育缺失的现象。

父亲教育缺失现象，究其根源，主要是受传统家庭教育观念的影响，比如男主外女主内的思想，或者受性格与脾气的影响，尽管参与了，但是不讲究方法，导致亲子关系越来越疏远，没有真正达到教育的目的。可以说，在很多家庭里，最终还是让家庭教育的责任落在了妻子的肩上。而大部分父亲则认为教育孩子想当然就应该是女人的事儿，甚至有时看到孩子教育的效果不是很理想时，便去指责和埋怨妻子教育不得力，再看看妈妈们无疑不一个个满腹委屈，有时矛盾加剧还会发生争吵。

朵朵，女孩儿，上小学三年级，爸爸在某行政单位工作，妈妈在一家公司做财务工作。朵朵妈妈现在最头痛的事：害怕老师给自己打电话，批评自己平时对孩子的学习不加强监督，导致孩子听课困难，作业完成质量差，孩子上课还爱交头接耳，注意力不专注。有时老师毫不客气地会把朵朵妈妈叫到学校去当面谈（说是谈，实则就是批评家长）。有时朵朵妈妈实在不愿意面对老师，便让朵朵爸爸去，可是朵朵爸爸却以自己工作忙抽不开身为理由经常拒绝。在家里，朵朵妈妈有时难以解决女儿的教育问题时，便求助于老公，可是朵朵爸爸却不是找理由要有应酬出去，就是在电脑前玩自己的游戏，仿佛这孩子不是他的似的。看到这种情况，朵朵妈妈有时便心生哀怨:我真的选择错了男人了吗?难道他就一点责任感没有?

通过上面的例子,需要家长们去反思一下,在你的家庭里,父亲教育处于什么样的状态。面对很多现实的家庭教育问题,如果父亲教育缺失会带来哪些不利的影响呢?

其一,父亲教育缺失,会导致父亲在孩子眼中的威信降低。在家庭教育中,父亲教育和母亲教育处于同等重要的地位,两者通过动态的平衡,通过优势互补使各自在教育中的不足得到弥补。但是如果父亲不参与教育,或者教育方法简单粗暴,必然会使孩子感受不到良好的父爱关怀。当孩子学习吸纳不到父亲身上良好的品质时,便会把父亲在家庭中的地位看得不那么重要。如果一个缺点很多的父亲,可能会让孩子越来越不屑,甚至瞧不起。这样一来,孩子就会把父亲的话当作可有可无的事。但从另一方面来讲,孩子会更加依赖于母亲,如果母亲在观念上和教育的能力上存在不足时,那么很难把孩子的教育搞好。

作为家长,我们必须要认识到,孩子在成长的过程中,由于社会经验、人生目标、学习目标、做事的毅力等方面皆有很大的不足,这些都离不开父亲的正面教育、引导和激励。让孩子清楚自己当前最紧要做的事是什么?应该成为一个什么样的人?什么样的人会受到他人的尊重和喜爱?从现在开始,你将着重培养哪些方面的能力,以为将来在社会上立足做充足的准备等。有很多为什么,都需要父亲在孩子的成长的过程中不断去培养孩子。如果父亲做不到,做不好,那么无疑会让孩子在一种缺失状态中成长,必然会影响孩子的一生。

其二,父亲教育缺失,会导致孩子的习惯养成出现困难。我们都清楚,孩子好习惯的养成,与家长的自身习惯有密切的关系。一个家庭中,父母生活中是否有好习惯,学习上是否有好习惯,都会让孩子看在眼中,记在心上。如果我们只要求孩子做到,自己做不到,或者其中一个人做不到,都无法形成良好的习惯氛围。而父亲教育缺失,就会让这种习惯氛围

被打破，比如父亲在家中不能与孩子生活作息时间同步，或者在孩子学习时自己却在电脑上玩游戏或者看电视，都会让孩子在学习中的注意力被转移、被分散。

不可否认的是，父亲的榜样作用在培养孩子的好习惯过程中起到了非常重要的作用。如果父亲给孩子树立了一个非常良好的形象，给孩子规定的内容，自己都坚持做好，同时带动孩子妈妈一起来做好，那无疑会给孩子在自觉遵守习惯内容方面增强了信心，同时也会让孩子在行动力上得到强化。但反观父亲习惯不好的家庭里，只要父亲懒散、颓废、爱找借口推脱责任、消极逃避，就很难看到孩子积极的一面，这就是父亲的负面榜样作用影响。

其三，父亲教育缺失，会导致孩子责任感缺乏。经常会看到一些孩子对家里的事不参与，哪怕是一些细小的家务劳动，甚至是整理自己的卧室，动手做一些力所能及的小事。一个孩子责任感的建立，最初是从自我服务，做一些简单的小事开始的。如果父亲在这方面，缺乏关注，自己不去做，也不带领孩子去做，时间长了，孩子便会认为做家务只是妈妈的事，和自己没有多大关系。比如有些父亲回到家里，不帮助孩子妈妈做饭，不打扫家里卫生，相反却指挥着孩子妈妈做这做那，很容易让孩子效仿，让孩子妈妈成了保姆。

在孩子成长的过程中，责任感贯穿到方方面面，涉及到家庭责任、学习责任、社会责任、集体荣誉、个人荣誉等诸多方面。如果孩子不能从家庭责任方面从父亲身上得到积极的影响，那么在学习方面的责任必然就会也受到影响。比如孩子学习时会认为是给老师学习，给爸爸和妈妈学习，全然不清楚学习是为了自己；在家庭责任分工方面，如果父亲不关注这方面的内容，孩子就不清楚自己应该做什么，直接的后果便是衣来伸手，饭来张口；孝顺老人方面，如果父亲不给孩子做出一个良好的形象示范，孩子不可能去关心老人，照顾老人，甚至为父母分忧。

其四，父亲教育缺失，会让孩子自信心培养受到影响。作为男性，对事物的判断、目光的广度、思考的深度、执行力方面无疑会有优于女性的一面。这些优势会为孩子在做事，思考问题，动手解决问题等方面提供良好的自信支持。但如果父亲不能把优势转化为家庭教育的实践活动，不踏踏实实地在教育孩子的每一个细节中去落实，那么孩子在父亲身上将会得不到这些良好的品质。同时父亲教育缺失，也会让孩子妈妈在自信心方面得不到最强有力的支持。如果教育孩子过程中夫妻双方形成合力，共同去相互理解、支持、鼓励和配合，便会形成一种强大的向心力，当孩子感受到爸爸和妈妈给予肯定、鼓励和支持后，很容易去面对困难，挑战自我，超越自我。可以说，自信心是孩子能力不断提高的源动力。

比如，孩子在学习方面，如果父亲不及时关注和发现孩子的问题，针对问题去做合理的解决，给孩子指出可行性的操作方法，同时肯定孩子的努力，鼓励孩子继续努力，力争下一次做得更好，那么孩子不可能自己去解决问题，或者在自信心上得到加强。比如，在孩子劳动教育方面，有时妈妈分担家庭事务比较多，很容易把好习惯被家庭琐事打破，那么这时就需要父亲及时来分担一下家务，引导孩子也参与力所能及的事情，让全家人都处于动态的平衡之中，这就避免了有人忙碌不堪，有人闲得无事可做的情况，在这种情况下，孩子自然也乐得个轻松，也不愿意做事而只光顾着玩耍了。在父亲的带动和影响下，孩子参与劳动的信心便会逐步增强，孩子愿意参与家务，这对孩子在学习方面的付出也打下了良好的基础，既而最后形成自觉自愿的行为。

其五，父亲教育缺失，会让孩子在感恩教育上受到影响。父亲虽然为男性，但是在感恩教育上却有着不容忽视的作用。父亲的一举一动，都会让孩子潜移默化地记在心上，为心灵的成长提供丰富的养料。经常会看到一些孩子的父母在孝顺老人方面产生分歧，原因是对爱的付出有偏有向，经常是对自己的父母给予的多一些，对爱人的父母给予的相对要少一些。

甚至要求爱人对自己的父母好一些。这些都会让孩子从父母的言谈中、做法中受到影响，时间长了很容易让孩子厚此薄彼，在待人处事上产生偏见，甚至偏激地看人看事。

　　感恩教育不仅可以从孝顺双方的老人方面给孩子以影响，还能从父母对待他人的观点和做法中得到影响。比如一位父亲如果自己经常帮助他人，或者经常带着孩子去帮助他人，会让孩子很容易从内心深处建立一种善良的品质，让孩子知道：帮助他人是一种美德，宽容他人也是一种美德，欣赏他人更是一种美德。长期的影响，会让孩子在心胸方面，在价值观方面得到积极的促进和影响。当孩子从内心深处懂得施爱时，那么无疑会让孩子变得更加无私，更加愿意付出自己的爱。

　　其六，父亲教育缺失，会降低孩子战胜挫折的勇气。每个人在成长的过程中都会遇到挫折，我们的孩子也一样。所不同的是，孩子的心理更为脆弱，更容易受到诸如批评、嘲笑、非议、被人欺负、成绩不好等因素的影响，造成只愿意听表扬的话不愿听批评的话，只愿意享受别人的给予不愿意吃苦付出，只愿意做简单的事不愿意挑战困难。当孩子遇到挫折时，如果父亲不能及时发现并激励孩子，会让孩子陷入困境。可以说，父亲的积极干预，给予孩子以激励和引导，会让孩子正视困难，提高孩子轻松应对挫折的能力。

　　可是在很多家庭中，父亲在面对孩子成长中遇到的挫折现象时往往容易忽略，甚至不去关注，总认为孩子遇到的那点事儿，几乎不值得一提。要知道，很多小问题的长期积累便会成为大患，很多问题突出的孩子就是在得不到家长的帮助和鼓励后，最后逐渐让自信心消失，导致做什么事都患得患失，不敢放开思想，不敢去尝试，害怕再受到伤害或者失败。尽管孩子的母亲会干预，但是父亲教育的缺失，会让孩子战胜挫折的勇气大打折扣。

　　其七，父亲教育缺失，不利于孩子建立良好的人际关系。从幼儿时期开始，孩子便已经接触人际关系，所不同的是，儿童人际关系很简单，辐射范围较小,很容易被家长忽略掉。如何构建良好的儿童人际关系,将会直接影响孩子将来从容地与同学、伙伴和大人们的交往能力。纵观一些不合群、胆怯、不能在公众场合下表现自我的孩子,都与父亲培养孩子人际交往和表现自我的能力缺失有关系。

孩子来到这个世界上,最初都是以一种胆怯的目光审视周围的一切。如何给孩子建立心理安全感,并在此基础上培养孩子的自信心,提高孩子适应陌生环境,接纳陌生人的能力,是父亲必须要考虑并做好的事情。比如在家里,对于来访的陌生人和小伙伴,父亲可以积极主动地把陌生人介绍给孩子,并邀请对方来和自己的孩子做好朋友,一旦对方付出热情和行动,孩子就有了被他人接纳的感觉,心理上便会放松警惕。通过游戏活动,让孩子感受到与他人沟通和娱乐所带来的快乐。比如在幼儿园和小学里,父亲可以搭起人际互动的桥梁,让两个不熟悉的小伙伴相互介绍、握手或者拥抱来彼此熟悉,并且共同游戏,也会让孩子很快有新的玩伴儿。随着孩子认识的小伙伴的增多,会让孩子享受快乐的范围也越来越大。

其八,父亲教育的缺失,对孩子礼仪习惯的养成不利。一个孩子能否被人接纳和喜爱,给人的第一印象就是看这个孩子是否能落落大方,有礼貌地问候别人。而这一切皆不可能让孩子自己学会,必须要依赖于家长的引导和示范。当孩子在家里主动帮助大人时,我们必须要对孩子说"谢谢",然后告诉孩子及时回应说"不客气",或者说"应该的"、"没关系"。而很多父亲恰在这方面做得不够好,有的甚至忽略了自身礼仪的养成。试想,一个缺乏礼仪习惯的父亲,又怎么能培养孩子拥有良好的礼仪习惯呢?当孩子连最起码的"谢谢"或者"请帮助我一下好吗"都不会说,又怎么能礼貌地寻求他人的帮助呢?

所以,作为父亲必须要充分认识到,培养一个具有良好形象的孩子,必须要从自己做起,并且关注孩子生活中的细节,不能随便就放过每一次锻炼孩子讲究礼仪习惯的机会。只要你有足够的耐心,以良好的形象举止

出现在他人面前，得体地应用礼貌用语，就会让孩子受到积极的影响，通过对孩子长时间的培养，定会让孩子成为一个人见人爱懂礼貌的人。

通过以上八个方面分析，列举了父亲教育缺失对孩子教育的部分影响因素。虽然并不全面，却足可以引起家长的警醒和重视了。如果你是一位理性的父亲，一位合格的父亲，就应该主动承担起你在家庭教育中所扮演的角色，尽好父亲所应该尽的义务，从而解放母亲教育的沉重负担。当然，你还可以结合自己的家庭教育现状，拓展你的思路，通过观察和分析，进一步发现自己在家庭教育中存在的不足，通过学习，不断提高自己的育儿能力。

## 爸爸该花多少时间陪孩子

"父亲的作用"对孩子的成长有着莫大的影响。爸爸要多参与孩子的生活，从襁褓到青少年，不论是学校、家里、或者游戏，爸爸的加入和关怀，对孩子的成长发展将有积极的促进作用。这个过去属于"母亲天性"的大任，如今成了好爸爸的重要指标了。

可是，做爸爸的或许会问：到底要参与多少才算够呢？工作、事业繁忙，还有可能腾出更多时间陪孩子玩吗？而且，从来没有留心过小孩子，怎么知道该和孩子说什么、玩什么呢？

许多专家研究指出：真正对孩子有影响的，并不在于爸爸和孩子一起的时间有多长，而是爸爸和孩子相处时所进行的活动，换言之，爸爸和孩子的互动方式好不好？有没有温暖的交流？这些对孩子才是最为关键的。

如果有时间，请想想以下这些问题：

（1）你是否每天特别保留一些体力和时间，好让自己能有较佳的身心状态和孩子说故事、玩游戏，而不是只是在你有空的时候才想起你的孩子？

（2）你和孩子一起做的事情，是否是他喜欢的而不仅仅是你喜欢的？玩的玩具是他喜欢的，而不仅仅是你认为有意义的？

（3）你的孩子总是你专注的焦点，而不是你老用其他东西吸引孩子，让孩子玩自己的游戏，好让你能看自己的电视、做自己的事情？

（4）当你和孩子在一起的时候，不论做些什么，甚至什么也不做，你是否都会感到愉悦和幸福，而不觉得无聊和浪费时间？

如果你的回答都是"是！"，那么恭喜你，你和孩子相处的时光，对孩子的成长已经产生了正面的意义与影响。

## 父亲是给孩子积极影响的源泉

目前在家庭教育中母亲仍处于主要地位，扮演主要的教育角色。但是，在现代社会的家庭教育中，父亲的作用是任何人不能代替的，父亲对孩子的性别角色、性格形成、智慧培养、能力发展等方面都有很大的影响。

在美国一期的《parents》杂志中，父亲被认为对孩子的一生有下列影响。

（1）父亲跟母亲是不同的；

（2）父亲更爱与孩子玩闹；

（3）父亲对孩子的推动作用更大；

（4）父亲使用的语言更复杂；

（5）父亲对孩子的约束更多；

（6）父亲使孩子更社会化，为他走进现实世界做准备；

（7）介绍男人在现实生活中的作用和行为；

（8）父亲支持妻子；

（9）父亲更会帮助孩子发挥潜能。

那么父亲是如何在生活中给孩子以积极的影响呢？

### 父亲是孩子游戏的重要伙伴

在家庭交往中，相对于把更多时间花费在照料孩子生活上的母亲，父亲更多的是与孩子一起游戏。父亲用触觉、肢体运动的游戏把孩子举得高高的，来回悠，或急速往下放。这些大动作、激烈的身体游戏使孩子快乐地"咯咯"大笑。

孩子在头3年内与父母形成不同的关系类型，痛苦时，他更多地到母亲那儿去寻求安慰；而想玩时，则更多地会想到父亲。孩子在散步、游戏时，喜欢和父亲在一起。20个月时，父亲就成为孩子的基本游戏伙伴；30个月时，则成为更主要的游戏伙伴。20个月的婴儿对父亲发起的社会交往游戏明显地感兴趣，反应积极。30个月的婴儿能兴奋、激动、投入、亲近、合作而有兴致地和父亲一起游戏，他们会把父亲作为第一游戏伙伴来选择。

### 父亲是孩子形成积极个性品质的重要源泉

现代社会，良好的女性特征得到社会的推崇，即会关心人、体贴人，有良好的同情心、善良；而良好的男性特征，即独立、自主、坚强、果断、自信、与人合作、有进取心，这都是社会对人的要求。

父亲对孩子良好个性品质的形成具有极大的促进作用，是孩子形成良好个性品质的重要源泉。父亲通常具有独立、自信、自主、坚毅、勇敢、果断、坚强、敢于冒险、勇于克服困难、富有进取心、富有合作精神、热情、外向、开朗、大方、宽厚等个性特征。孩子在与父亲的不断交往、相互作用中，一方面接受影响并且不知不觉地学习、模仿；另一方面，父亲也自觉、不自觉地要求孩子具有以上特征。如果孩子在5岁前失去父亲的翔，对他的个性发展会非常不利。孩子年龄越小，影响越大。没有父亲的孩子会缺少克服困难的勇气，具有较多的依赖性，缺乏自信，进取心，同时在冲动的控制和道德品质发展等方面也受到削弱。

### 父亲教会孩子坚强

母亲是水，她滋润孩子的心灵，使他们学会温柔；父亲是山，他支撑孩子的信念，使他们学会刚强。母亲的教育像给孩子喂红糖水，而父亲的教育像给孩子补钙。这种影响是潜移默化的，只要父亲少一些应酬，多一些和孩子接触的时间，孩子的刚性自然会滋长出来。

### 父亲让孩子具有探索精神

男性的探索精神比较强，他们和孩子在一起往往会搞一些探索性的活动。如果孩子把玩具拆开，母亲可能会骂他们一顿。而父亲可能会和孩子一起去拆玩具，满足孩子的好奇心，然后再教孩子把玩具装好。父亲往往对新生事物比较感兴趣，因此也会激发孩子对新事物的兴趣。

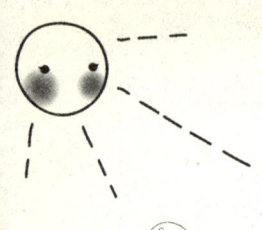

## 父爱有利于孩子的人格健康

把教育孩子的任务一股脑儿全推给母亲,这是一种错误的做法。在孩子成长过程中,父亲的作用至少有以下几个方面:

(1)有利于孩子的心智发育。许多调查材料表明:缺乏父爱的孩子比其他孩子发育要差。父亲长期不在家,对孩子的身心健康和智力发育都会产生相当大的影响。据研究,一天与父亲接触至少两个小时的男孩子,和一星期与父亲接触不到6小时的男孩子相比,前者不仅更聪明,而且人际关系处理得更融洽。

(2)有利于孩子人格健全。母性教育是必要的,但又是不全面的。母亲的细腻、温柔、善良,有利于孩子"柔"的性格成长。但父亲的勇敢、坚强、果断,有利于孩子"刚"的性格形成。刚柔相济才是健全的人格。有人认为男孩子由父亲带,女孩则应该由母亲带,这种看法也是错误的。如果只实行母性教育,那么男孩子就很难以父亲为楷模去开始他男性生活之路;女孩子就很难了解男性的生活状态。

(3)有利于孩子对生活的全面体验。如果一个人,不管是男孩还是女孩,只生活在男人圈或女儿国,他看到的世界都是不全面的。一个人形成畸形性格,与他儿童时期对世界的片面观察有密切联系。母亲更容易溺爱、迁就孩子。父爱则相反,是一种深沉、严肃的爱,父亲更多地考虑孩子的未来。失去父爱的孩子大多缺乏自信、好奇心和探索精神、意志薄弱。长大以后,碰到一点问题都会不知所措。

## 教育孩子，爸爸需要做点什么

孩子在出生之后到入学之前，是最重要的成长阶段，而刚强的父亲在孩子的成长过程中扮演着相当重要的角色。

只要在孩子心中是一个富有正义感、同情心和责任感的好男人、好爸爸，那么每个爸爸都可能成为孩子心目中第一任偶像。那么作为偶像的爸爸要做到那几点呢？

### ❧ 偶像是需要有正义感的

一天，小杰的爸爸从幼儿园接小杰回家，小杰告诉爸爸："元元今天滑梯时不肯排队，一次次插在我前面！"爸爸问："那么你怎么做了呢？"小杰很委屈地说："我能怎么办啊，元元长得比我高多了，我又打不过他。"爸爸笑了，摸摸儿子的头说："嗯，我们小杰知道好汉不吃眼前亏了呢！"

类似的话题不少爸爸可能都碰到过，采取相同方式的爸爸肯定也不少。当父亲的，似乎觉得男人过多参与到孩子的活动中去有小肚鸡肠之感，于是更不愿多话，然而这种教育观念却是不正确的。孩子之间的纠纷有很多确实不要大人的参与，比如你推我搡这于成人而言是打架斗殴，于孩子而言却是游戏，孩子很难控制自己的行为尺度，他们要在类似的游戏中学习，这的确不需要大人在一边指指点点。然而有些却不是如此。像上文所说的玩滑梯要不要排队，这首先是一个秩序问题，当父亲的应该让孩子明白每个人都应该遵守一定的行为规范、社会秩序，插队的行为是错误

的。其次这还是一个正义感的问题，不能因为一个人长得高大，他就可以为所欲为，你便只能忍气吞声，而以后在比你弱小的人面前你也没有欺负人的权利，要告诉孩子真正的好汉绝对不是欺软怕硬之徒。

父亲是孩子的第一任偶像，要做好这个偶像首要条件是富有正义感，要教育孩子不是用暴力就可解决一切，不能蛮不讲理也不要屈从于强力，始终坚持自己的是非观与道义感，这才是为父之道。如果杰杰的父亲能在一笑之后告诉儿子："以后再碰到这样的事，不管他是插在你前面还是别人前面，你都应该把插队的小朋友拉到后面去，让他排队，告诉他滑梯是大家玩的，要遵守秩序。"那么，这样的父亲就做得到位了。

### ❦ 偶像是需要有责任心的

《成长的烦恼》里面有一个令人印象深刻的片断：三岁的本不小心撞在桌角上跌倒了，他痛得大哭起来，用脚去踹桌子。父亲杰生只是在一边默默地注视着本，既没有上去抱他抚摸他，也没有言语的安慰。本哭了一会厌了，不再哭泣，杰生这才把他搂在怀里问："还疼吗？"

本说："不疼了。"

"那你走几步给我看看。"本走了几步又跳了几下。

"你再动动胳膊看。"杰生又说。

本转转胳膊，看上去一切都还好，这下杰生发话了："本，你来看，你是个人，你有手有脚，你能走能跑，而桌子，它什么也不会。所以是你撞到了桌子，而不是桌子撞你，是不是？"

本说："是"。于是杰生责令本向桌子道歉，为他刚才发脾气踹桌子的行为道歉。

都说母亲、祖辈容易溺爱孩子，那么父亲对此该如何纠正呢？如果前面那个片断发生在中国的祖父母辈或是妈妈眼皮下，定然是先一把把孩子拉到怀里又揉又哄，一边为逗孩子破涕为笑而拍打桌子责问它"为什么要欺负我们宝宝？"但愿我们的父亲们能在此刻摆出正确而公允的态度，加入适当的冷峻，让孩子明白自己做错的事不能推给别人，要像爸爸所说的那样"有责任心"。不要怕孩子会以为你冷血，不喜欢他，要相信任何一个有头脑的宝宝都会以拥有一个有责任感的父亲为荣的。

### & 偶像是需要有同情心的

为人父者不要因为你被欺骗过，便怀疑所有的人；不要因为你以为很了解真相，便随意地抹杀了孩子与生俱来的同情心。要明白即便是一个滥施同情的人也远比一个薄情寡义的人可爱得多，而爸爸们如果真的想成为孩子心目中一个高大的智者，则首先应该成为一个仁者。

要让孩子健康的成长，爸爸必须担当起责任来。

## 好父亲教育孩子的七大技巧

世上没有不爱自己孩子的父亲。有些父亲为了教子成材，不惜血本送孩子上贵族学校，甚至牺牲了所有的节假日陪读陪练，其间少不了强制教育，棍棒拳脚也难免，但结果往往不尽人意，有许多孩子因此而产生了抵触情绪和逆反心理，使家长们十分苦恼。

问题出在哪里呢？细究之下，才知道是父亲们的教育方法有问题。面对这种情况，掌握一些教子技巧就尤为必要。

### & 尊重孩子的意愿与选择

诺贝尔生理学和医学奖获得者法国免疫学家让·多塞的父亲是一个优秀

医生，他希望儿子长大后能继承自己的事业，为了让儿子喜爱医学，他带着儿子跟着医学院的学生们观摩手术，但当让·多塞看到血淋淋的手术场面竟然晕倒了。

父亲十分生气，打了儿子几个耳光，这反而使让·多塞的抵触情绪更强烈了。

后来，父亲让自己的助手带着让·多塞到卢瓦尔河漂流，并利用这个机会，向让·多塞介绍了很多有趣的医学知识，还讲了许多当医生为病人解除痛苦时所体验到的成就感与快乐，这使让·多塞逐渐对医学产生了兴趣，并最终做出了学医的选择。

其实，现实生活中，有不少家长都爱把自己的意愿和选择强加于子女，这种做法往往给孩子造成了伤害。

兴趣是成功的第一位老师，成功的最重要因素是孩子的内在兴趣。但是我们今天家庭的教育体制、学校的教育体制，正是扼杀了孩子内心普遍存在的兴趣和动机——强迫孩子做什么，而不管孩子内心的想法，不是让孩子顺其自然地发展，而是去设计蓝图，把自己的愿望强加给孩子。

让·多塞的故事告诉所有的父亲一定要尊重孩子的意愿和选择，即使想为孩子选择前途也必须先从培养他的兴趣入手。

### ✿ 成为孩子的好伙伴

"爸爸牵着女儿的手，折下一根柳枝，轻轻剥掉皮，做成一支小小的柳笛，然后吹一曲悠扬的儿歌……"这是我们在春天经常可以看到的一幕，在轻松愉快的环境里，父亲不再是严厉的家长，而变成女儿快乐的玩伴。

其实，要想成为孩子的玩伴并不难，只需挤出少许时间，放下家长的架子，积极参加孩子的活动：捉迷藏、跳绳、踢毽子、下五子棋……父亲经常参加孩子们的活动，聆听孩子的心声是对孩子最好的培养。

要想让孩子健康成长，父亲必须给孩子提供良好的心理发展条件，除了给孩子买一些适合孩子心理发展的图书读物，让孩子在一个丰富舒适的环境里成长，最主要的是父亲要以极大的爱心去关注孩子，多花时间和心思与孩子一起玩，满足孩子在情感和求知欲方面的愿望。

因为从2岁开始，孩子就需要同龄玩伴，通过与自己年龄相仿或略大的孩子以及大人玩耍，孩子从中可以学会妥协、同情和合作，还会发展出一些新的技巧、兴趣、责任心。

### 💕 赞美是良好的润滑剂

"宝贝，你真棒！""儿子，你真行！"……适时恰当的夸奖会使孩子受到鼓舞，提高自信心，有利于意志的锻炼，使孩子健康成长。菲菲喜欢画画，对于他在画画中表现出的点滴进步，爸爸总能及时给予肯定和赞扬。菲菲的爸爸是个聪明的家长，他在赞扬的过程中，没有说儿子"画得真好，长大肯定能当画家"之类的话，而是通过温存的微笑、亲切的抚摸、友好的合作，使孩子得到鼓舞，画技渐渐得到长进。

美国作家马克·吐温说自己"因为人家一句适当赞美的话而会开心两个月"。他这句话道出了人类共同的心理需要——理解、肯定、赞美和鼓励，这是一束照耀人们心灵的温煦的春光，成年人如此，孩子更需要鼓励。准确的、适时的、恰当的夸赞将使孩子受到鼓舞，激发孩子自尊、自主、自立的意志和奋发努力的上进心，也可以使孩子明确前进的方向。好孩子是夸出来的。美国著名的心理学家杰丝·雷尔指出："称赞对温暖人类的灵魂而言，就像阳光一样。没有它，我们就无法开花生长。"

然而，不要以为一味的赞美就没有问题，而要视情形对孩子赞美才对。如有的家长看到孩子画了一幅画，就说"哇，你画得真好，如果拿去比赛，一定会得冠军呢！"其实家长根本不知道孩子画的是什么。而且当赞扬成为一种习惯后，对于孩子而言，这些赞扬或是已成了一种冷漠的评价，使孩子不屑一顾，失去了它的真正效果，或是令孩子沾沾自喜，看不

清自己的真实水平，阻碍学习的进步。所以，家长在夸赞孩子时，应谨慎、适时、适度，从而达到预期的效果。

### 🔖 善于与孩子沟通

做父亲的要了解孩子，这是教育和培养孩子的前提。了解孩子最好的方法就是亲近孩子，即与孩子多沟通，与孩子经常聊天。

父亲与孩子亲近的方法有许多：

（1）与孩子一起亲近大自然，使孩子在大自然中领悟一些道理，增长一些知识。

（2）与孩子一起做游戏，通过游戏而心意互通，拥有共享快乐的经验，才能够建立父子之间的心灵纽带。

（3）做孩子的好朋友，学着蹲下来用平等的姿态，与孩子对话，这样会使父亲得到孩子的友谊。

（4）偶尔带给孩子一些礼物，给孩子一点儿惊喜。

（5）经常开家庭座谈会，不仅能营造出一种和谐、融洽的家庭氛围，而且让孩子参与到家庭事件的讨论中来，这对孩子们的自尊心、自信心及思维能力的发展都有很大的作用。

### 🔖 为孩子找一个好对手

"宝贝，你和川川比一比，看谁跑得快。"做爸爸的经常鼓励儿子与邻居家的孩子竞赛，或学习，或运动，在一次次的竞赛中，渐渐培养了川川好胜上进的品质。上学后，他更不甘居人后，门门功课优异。

为自己的孩子找一个竞争对手，比如同桌、邻居家的小孩或成绩排在孩子前面的同学，可以鼓励孩子超过他们；鼓励孩子做他们想做的事情，以开发他们的智力，发挥他们的潜能。作为父亲可以给孩子一些信念让他们做一些新的尝试，让他们意识到做什么事情最好。

### ❧ 用故事引导孩子

为人父者,平时多给孩子灌输一些大道理,这是不可缺少的,但仅有这些是不够的,父亲们应该放弃一些不太重要的应酬,多陪陪孩子,在陪孩子玩耍、哄孩子睡觉或带孩子旅游时,给孩子讲故事,让他们从故事中汲取营养,树立正确的人生观。

用人类的楷模教育孩子:父亲要给孩子讲古往今来的科学家、艺术家、思想家对真理的追求,对事业的献身,这些人物和故事可以陶冶孩子的人格,使他们从小胸怀大志,从小决心做一番事业。

### ❧ 养成动手的好习惯

有专家统计,爱劳动与不爱劳动的人,犯罪率为1∶10,失业率1∶15,所以爱劳动、爱做事对孩子是一生有用的。

现在科学界和教育界有一个共识:"只听见易忘掉,见到的能记住,亲手做的才能理解。"所以动手是最重要的。因此,父亲要培养孩子动手,实验的能力。

## 妈妈也要培养丈夫的育儿兴趣

(1)让丈夫感受育儿妙趣。现在人们的生存压力越来越大,男人在职场之上更是全力以赴迎接挑战,而作为女人在生育期也是缠身于家务育儿等琐事之中。究竟谁最累,这是个一个永远不会有答案的问题。在家中应当让丈夫进一步感受育儿的妙趣,并教丈夫一些育儿的方法,让丈夫变成

参与育儿的主动者。

（2）要放心地让丈夫照顾孩子。初为人父人母，在育儿方面肯定会有一些疏漏，这是在所难免的，不要过于担心，及时学习、纠正即可。一旦让丈夫负责照看孩子时，孩子有一点小事就大惊小怪，这会给丈夫造成压力，孩子一哭闹，丈夫便会把孩子交给妻子。为此一旦让丈夫照顾孩子，就不要在旁边泼凉水，要相信并鼓励丈夫。

（3）过好温馨快乐的周末。很多照看婴幼儿的年轻妈妈都盼着过周末，并希望丈夫能陪着外出，以缓解一周的疲劳。此时，有的妻子会不顾及丈夫的心情和身体情况而外出，有时会导致乘兴而去，败兴而归。为此，周末是否外出游玩要根据实际情况，有时与其到喧哗的闹市区或娱乐场所还不如全家人呆在家中，这也有利于增进父子间的亲密感。

（4）多鼓励少比较。不管是大人还是小孩，人们都讨厌比来比去，丈夫在育儿方面的能力也不能拿来同别人作比较。丈夫在照看孩子时应少批评，多进行具体的鼓励，如"孩子多爱听爸爸读童话故事啊"。